알리바바
중국어 회화

정명숙
(鄭明淑)

mingsu72@naver.com

서울디지털대학교 중국학과 전임교수
고려대학교 중어중문학과 · 국제어학원 강사
KBS 보도본부 국제부 중국어 동시통역사
크레듀 · 삼성경제연구소 인터넷 강의 강사

학력

한성화교학교 유치원 · 초등학교 · 중학교 졸업
국립대만사범대학교 중문과 졸업
고려대학교 대학원 졸업(중국어학, 문학박사)

주요경력

서울대학교 사범대학 중국어 교사양성과정 초빙교수
이화여자대학교 외국어교육 특수대학원 강사
EBS–TV 〈TV 중국어회화〉 교재집필 및 진행자
EBS–FM 〈차이나 스페셜〉 MC
PBC–FM 〈니하오중국어〉 코너 진행자
TBS–DMB 중국어방송 〈한국어회화〉 코너 진행자
경향신문 회화칼럼 〈생생 중국어〉 연재
KBS 특집 생방송 〈박근혜 대통령 중국 칭화대 연설〉 동시통역 및 패널 출연(2013. 6. 29)

알리바바 중국어 회화 중급 1

초판 1쇄 인쇄   2016년 9월 2일
초판 1쇄 발행   2016년 9월 2일

지은이 정명숙
발행인 김용부
발행처 글로벌문화원
등록번호 제2-407
등록일자 1987년 12월 15일

주소 서울시 종로구 삼일대로15길 19 글로벌빌딩 5층
대표전화 02)725-8282   **팩스** 02)753-6969
홈페이지 http://www.global21.co.kr

편집 진행 길노을
디자인 Design maru (02) 3144-2581
일러스트 정경란

ISBN 978-89-8233-274-6 14720
Set   978-89-8233-270-8

알리바바
중국어 회화

저자 정명숙

머리말

독자 여러분 안녕하십니까?

엄청나게 밀려오는 중국인 관광객 유커(游客)와 유커 공략에 총력을 기울이고 있는 시장을 보면, 중국은 더는 우리에게 가깝고도 먼 이웃이 아닙니다. G2 강국에서 세계 1위 경제 대국을 향해 꿈틀대는 거대한 이웃, 중국과 우리가 어떻게 하면 더불어 살아갈 수 있을지에 대한 대안을 찾아야 할 시기인데요, 이를 위해 중국어는 더는 선택이 아닌 필수입니다.

어떻게 하면 중국어를 쉽고 재미있게 공부할 수 있을까요? 저자는 〈알리바바 중국어 회화〉를 적극적으로 추천합니다. 〈알리바바 중국어 회화〉는 중국어를 처음 접하는 학습자가 단계별로 공부하기 쉽게 짜인 교재입니다. 발음부터 시작하는 입문, 기초 회화 초급, 심화 과정인 중급 과정을 거쳐, 수준 높은 대화가 가능한 고급으로 이어집니다. 그러므로 〈알리바바 중국어 회화〉 커리큘럼대로만 공부하면 중국어 전혀 어렵지 않습니다.

중급 단계는 중국어 문장을 만드는 데 필요한 기본 문형을 가지고 다양한 응용 연습을 할 수 있도록 구성된 것은 물론, 여기에 추가로 듣기 연습을 보다 강화하였습니다. 해당 과에 나와 있는 문형을 익힌 뒤에는 반드시 확장 연습을 통해 다양한 표현들을 직접 만들어 보고, 이와 함께 듣기 훈련을 통해 듣고, 생각하고 말하는 '중국어로 대화하기'의 삼박자 훈련을 이어나가시길 바랍니다.

제가 당부드리고 싶은 공부법은 딱 세 가지입니다.

1   하루에 5분이라도 꾸준한 학습을 하십시오.

2   눈으로 보는 중국어가 아닌 입으로 말하는 중국어 공부를 하십시오.

3   음성 파일이나 인터넷강의를 활용해 듣고 따라서 발음하십시오.

〈알리바바 중국어 회화〉를 통해 즐거운 중국어를 공부하시기를 기원 합니다.

저자 **정명숙**

차 례

단원	핵심 문장	학습 중점	고사성어
1	**你住在哪儿?** Nǐ zhù zài nǎr? 어디 사세요?	1. 사는 곳 묻고 답하기 2. 어기조사 吧, 嘛, 了 3. 동사술어문	人心如面 rénxīnrúmiàn
2	**你有汽车没有?** Nǐ yǒu qìchē méiyǒu? 자동차 있어요?	1. 정반의문문 2. 부사 都와 也 3. 要의 두 가지 용법 4. 喜欢	半面之交 bànmiànzhījiāo
3	**一共多少钱?** Yígòng duōshao qián? 모두 얼마죠?	1. 양사 2. 수량이나 가격을 묻는 의문대사 3. 선택의문문	四面楚歌 sìmiànchǔgē
4	**你们公司在哪里?** Nǐmen gōngsī zài nǎli? 회사는 어디에 있나요?	1. 직업 소개하기 2. 존재를 나타내는 在와 有의 용법 3. 大约의 용법 4. 백, 천, 만 단위 등 숫자 읽기	百闻不如一见 bǎiwén bùrú yíjiàn
5	**我家离超市很近。** Wǒ jiā lí chāoshì hěn jìn. 우리 집은 슈퍼마켓에서 가깝습니다.	1. 존재를 나타내는 有와 是 2. 多+형용사 3. 离, 从이 들어간 개사 구조	洛阳纸贵 Luòyángzhǐguì
6	**邮局怎么走?** Yóujú zěnme zǒu? 우체국 어떻게 갑니까?	1. 위치를 나타내는 방위사 2. 请问의 표현 3. 不太의 용법 4. 就의 용법	金石为开 jīnshíwéikāi

단원	핵심 문장	학습 중점	고사성어
7	我请你吃饭吧。 Wǒ qǐng nǐ chīfàn ba. 제가 밥 살게요.	1. 的의 용법 2. 능원동사 想과 要 3. 겸어문 4. 연동문 I	守株待兔 shǒuzhūdàitù
8	我学了三个月中文。 Wǒ xué le sān ge yuè Zhōngwén. 저는 중국어를 3개월 동안 배웠습니다.	1. 동태조사 了 2. 시량보어 3. 정도보어 4. 好·难의 표현	百发百中 bǎifābǎizhōng
9	你最近过得好吗? Nǐ zuìjìn guò de hǎo ma? 요즘 잘 지내요?	1. 어기조사 了 I 2. 개사 跟 3. 着의 용법	五十步笑百步 wǔshíbù xiào bǎibù
10	现在是夏天了。 Xiànzài shì xiàtiān le. 이제 여름이 됐어요.	1. 어기조사 了 II 2. 常常의 용법 3. 最好의 용법 4. 계절에 관한 표현	蓝田生玉 lántiánshēngyù
11	中国我去过两次。 Zhōngguó wǒ qùguo liǎng cì. 중국을 저는 두 번 가 봤어요.	1. 동태조사 过 2. 동량사 3. 到의 용법	乐此不疲 lècǐbùpí
12	我最喜欢喝茉莉花茶。 Wǒ zuì xǐhuan hē mòlìhuā chá. 저는 재스민차를 마시는 것을 가장 좋아합니다.	1. 特别의 용법 2. 每의 용법 3. 연동문 II	朝三暮四 zhāosānmùsì

이 책의 구성

1 회화연습은 일상생활에서 자주 쓰이는 핵심 문장을 수록하였으며, 기초 단어와 함께 공부할 수 있습니다. 간단한 문장부터 보고 들으면서 외워 보세요.

2 실용어법에서는 다양한 예문과 함께 중국어 기초부터 심화 문법까지 체계적으로 배울 수 있습니다.

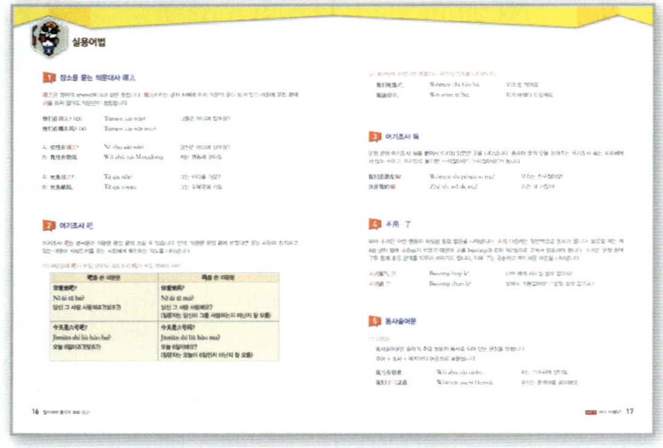

3 문형연습에서 관련 있는 단어를 묶어 공부하세요. 옆에 있는 삽화는 단어를 더 잘 기억하도록 돕습니다.

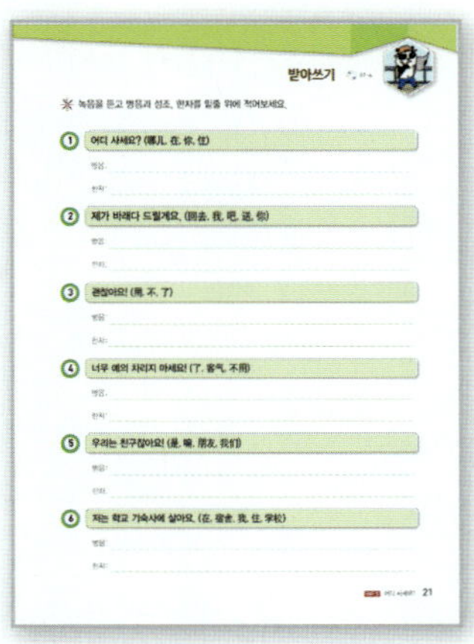

받아쓰기에서는 원어민의 녹음을 들으면서 정확한 한어 병음과 성조, 한자를 같이 적어봅니다. 듣기는 물론 쓰기 능력까지 함께 향상됩니다.

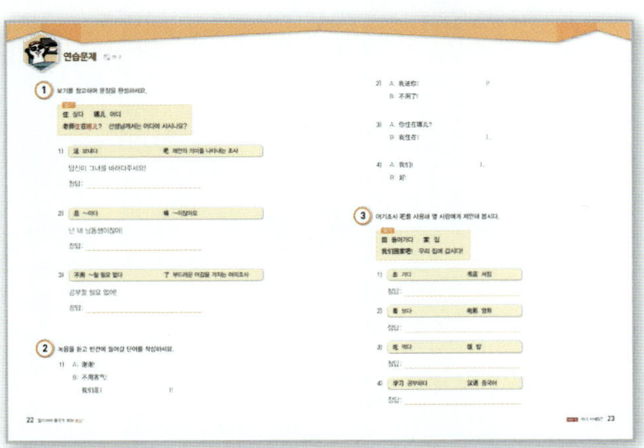

연습문제로 앞에서 배운 내용을 한 번 더 확인합니다. 문제를 풀어 보고 정답과 해설을 보면서 틀린 문제를 꼭 확인하세요.

실제 중국어 회화에서는 생각보다 고사성어가 많이 쓰입니다. 하지만 알면 들리고 모르면 들리지 않겠죠? 고사성어를 공부하면 더욱 감각 있는 중국어를 구사할 수 있습니다.

你住在哪儿?

Nǐ zhù zài nǎr?

어디 사세요?

1. 사는 곳 묻고 답하기
2. 어기조사 吧, 嘛, 了
3. 동사술어문

회화연습 01-1

你住在哪儿？
Nǐ zhù zài nǎr?

我送你回去吧!
Wǒ sòng nǐ huíqù ba!

不用了!
Búyòng le!

不用客气了!
Búyòng kèqì le!

我们是朋友嘛!
Wǒmen shì péngyou ma!

我住在学校宿舍。
Wǒ zhù zài xuéxiào sùshè.

단어 🔵 01-2

住	zhù	동	살다, 묵다
在	zài	개	~에서
哪儿	nǎr	대	어디
送	sòng	동	보내다, 배웅하다
回去	huíqù	동	돌아가다
吧	ba	조	명령이나 제안을 나타내는 어기조사
不用	búyòng	부	~할 필요 없다
客气	kèqì	동	사양하다, 체면을 차리다
我们	wǒmen	대	우리들
是	shì	동	~은 …이다
朋友	péngyou	명	친구
嘛	ma	조	서술문 뒤에 쓰여서 당연함을 나타냄
学校	xuéxiào	명	학교
宿舍	sùshè	명	기숙사

실용어법

1 장소를 묻는 의문대사 哪儿

哪儿은 영어의 where(어디)과 같은 뜻입니다. 哪儿이라는 글자 자체에 이미 의문의 뜻이 담겨 있기 때문에 문장 끝에 吗를 쓰지 않아도 의문문이 성립합니다.

他们在哪儿? (O)	Tāmen zài nǎr?	그들은 어디에 있어요?
他们在哪儿吗? (X)	Tāmen zài nǎr ma?	
A: 你住在哪儿?	Nǐ zhù zài nǎr?	당신은 어디에 살아요?
B: 我住在明洞。	Wǒ zhù zài Míngdòng.	저는 명동에 살아요.
A: 他去哪儿?	Tā qù nǎr?	그는 어디를 가요?
B: 他去邮局。	Tā qù yóujú.	그는 우체국에 가요.

2 어기조사 吧

어기조사 吧는 평서문과 의문문 문장 끝에 쓰일 수 있습니다. 만약, 의문문 문장 끝에 쓰였다면 묻는 사람이 짐작하고 있는 내용이 사실인지를 듣는 사람에게 확인하는 의도를 나타냅니다.

(1) 의문문에 吧가 쓰인 경우와 의문조사 吗가 쓰일 때와의 차이

吧를 쓴 의문문	吗를 쓴 의문문
你爱他吧? Nǐ ài tā ba? 당신 그 사람 사랑하죠?(맞죠?)	你爱他吗? Nǐ ài tā ma? 당신 그 사람 사랑해요? (질문자는 당신이 그를 사랑하는지 아닌지 잘 모름)
今天是六号吧? Jīntiān shì liù hào ba? 오늘 6일이죠?(맞죠?)	今天是六号吗? Jīntiān shì liù hào ma? 오늘 6일이에요? (질문자는 오늘이 6일인지 아닌지 잘 모름)

(2) 평서문에 쓰였다면 명령이나 제안의 의미를 나타냅니다.

我们吃饭吧。	Wǒmen chī fàn ba.	우리 밥 먹어요.
我送你吧。	Wǒ sòng nǐ ba.	제가 바래다 드릴게요.

3 어기조사 嘛

문장 끝에 어기조사 嘛를 붙여서 이치상 당연한 것을 나타냅니다. 중국어 말의 맛을 살려주는 어기조사 嘛는 회화체에서 많이 쓰이고, 우리말로 옮기면 '～하잖아요!', '～이잖아요!'가 됩니다.

我们是朋友嘛!	Wǒmen shì péngyou ma!	우리는 친구잖아요!
这是我的嘛!	Zhè shì wǒ de ma!	이건 내 거잖아!

4 不用…了

부사 不用은 어떤 행동이 사실상 필요 없음을 나타냅니다. 不用 다음에는 일반적으로 동사가 옵니다. 발음할 때는 제4성 글자 앞에 不(bù)가 쓰였기 때문에 不를 búyòng과 같이 제2성으로 고쳐서 발음해야 합니다. 不用은 문장 끝에 了와 함께 호응 관계를 이루어 쓰이기도 합니다. 이때 了는 공손하고 부드러운 어감을 나타냅니다.

不用客气了!	Búyòng kèqì le!	너무 예의 차리실 필요 없어요!
不用说了!	Búyòng shuō le!	말해도 소용없어요! (=말할 필요 없어요.)

5 동사술어문

(1) 긍정문

동사술어문은 술어의 주요 성분이 동사로 되어 있는 문장을 말합니다.
주어 + 동사 + 목적어의 어순으로 표현됩니다.

我住在宿舍。	Wǒ zhù zài sùshè.	저는 기숙사에 살아요.
我们学习汉语。	Wǒmen xuéxí Hànyǔ.	우리는 중국어를 공부해요.

(2) 부정문

동사술어문의 부정은 술어 동사 앞에 부정부사 不(bù) 또는 没(méi)를 씁니다.

[不] ~하지 않다 (사실 부정)

我**不看**书。	Wǒ bú kàn shū.	저는 책을 보지 않아요.
我们**不学习**英文。	Wǒmen bù xuéxí Yīngwén.	우리는 영어를 공부하지 않아요.

[没] ~하지 않았다 (동작의 완료를 부정)

我**没看**书。	Wǒ méi kàn shū.	저는 책을 보지 않았어요.
我们**没学习**英文。	Wǒmen méi xuéxí Yīngwén.	우리는 영어를 공부하지 않았어요.

(3) 의문문

문장 끝에 吗 또는 동사를 긍정+부정형식으로 나열해 나타냅니다.
그러나 吗와 긍정 + 부정형식은 한 문장 안에서 혼용해서는 안 됩니다.

- 기숙사에 살아요?

你住在宿舍**吗**?	Nǐ zhù zài sùshè ma?
你**住不住在**宿舍?	Nǐ zhù bu zhù zài sùshè?

- 중국어 공부하세요?

你们学习汉语**吗**?	Nǐmen xuéxí Hànyǔ ma?
你们**学不学习**汉语?	Nǐmen xué bu xuéxí Hànyǔ?

  01-3

明洞	Míngdòng	명 명동(지명)		说	shuō	동 말하다
邮局	yóujú	명 우체국		英文	Yīngwén	명 영어

✳ 제시된 단어로 여러 가지 문장을 만들어보세요.

1 我住在学校宿舍。

저는 학교 기숙사에 살아요.

首尔	저는 서울에 살아요.
北京	저는 베이징에 살아요.
学校附近	저는 학교 근처에 살아요.

2 我送你回去吧!

제가 돌아가는데 바래다 드릴게요!

回家	제가 댁까지 바래다 드릴게요!
走	제가 가시는 데 바래다 드릴게요!
出去	제가 밖까지 바래다 드릴게요!

③ 不用**说**了!

말하지 마세요!

客气	예의 차리지 마세요!
看	쳐다보지 마세요!
考试	시험보지 마세요!

④ **我们是朋友**嘛!

우리 친구잖아!

不好看	재미없잖아!
小孩子	어린애잖아!
这不是开玩笑	이거 장난 아니잖아!

● **추가 단어**  01-5

首尔	Shǒu'ěr	명	서울
北京	Běijīng	명	베이징
附近	fùjìn	명	근처
回家	huíjiā	동	집에 가다, 귀가하다
走	zǒu	동	걷다, 가다
出去	chūqu	동	나가다
考试	kǎoshì	명 시험 동 시험보다
好看	hǎokàn	형	예쁘다, 재미있다
小孩子	xiǎo háizi	명	어린이
开玩笑	kāi wánxiào	동	농담하다, 장난치다

✳ 녹음을 듣고 병음과 성조, 한자를 밑줄 위에 적어보세요.

1 어디 사세요? (哪儿, 在, 你, 住)

병음: ___________________________

한자: ___________________________

2 제가 바래다 드릴게요. (回去, 我, 吧, 送, 你)

병음: ___________________________

한자: ___________________________

3 괜찮아요! (用, 不, 了)

병음: ___________________________

한자: ___________________________

4 너무 예의 차리지 마세요! (了, 客气, 不用)

병음: ___________________________

한자: ___________________________

5 우리는 친구잖아요! (是, 嘛, 朋友, 我们)

병음: ___________________________

한자: ___________________________

6 저는 학교 기숙사에 살아요. (在, 宿舍, 我, 住, 学校)

병음: ___________________________

한자: ___________________________

연습문제 🔘 01-7

1 보기를 참고하여 문장을 완성하세요.

> **보기**
>
> 住 살다　哪儿 어디
>
> 老师住在哪儿?　선생님께서는 어디에 사시나요?

1)　送 보내다　　　　　　　　吧 제안의 의미를 나타내는 조사

당신이 그녀를 바래다주세요!

정답: __________________________

2)　是 ~이다　　　　　　　　嘛 ~이잖아요

넌 내 남동생이잖아!

정답: __________________________

3)　不用 ~할 필요 없다　　　　　了 부드러운 어감을 가지는 어미조사

공부할 필요 없어!

정답: __________________________

2 녹음을 듣고 빈칸에 들어갈 단어를 작성하세요.

1)　A: 谢谢!

　　B: 不用客气!

　　　我们是(　　　　　　　　)!

2)　A: 我送你(　　　　　　　　)!

　　B: 不用了!

3)　A: 你住在哪儿?

　　B: 我住在(　　　　　　　)。

4)　A: 我们(　　　　　　　)。

　　B: 好!

3　어기조사 吧를 사용해 옆 사람에게 제안해 봅시다.

回 돌아가다　家 집
我们回家吧!　우리 집에 갑시다!

1)　去 가다　　　　　　　书店 서점

정답: ___________________________________

2)　看 보다　　　　　　　电影 영화

정답: ___________________________________

3)　吃 먹다　　　　　　　饭 밥

정답: ___________________________________

4)　学习 공부하다　　　　　汉语 중국어

정답: ___________________________________

人心如面

rénxīnrúmiàn

사람의 생각이나 마음은 사람의 얼굴처럼 각기 다르다

춘추 시대 정나라의 자피라는 사람이 젊고 경험이 없는 사람을 임용하여 대부로 삼으려고 했어요. 나중에 자산의 충고를 듣고는 자신의 생각을 바꾸었죠. 자피가 자산에게 감사를 표하자 자산은 고개를 흔들며 이렇게 말했어요. "모든 사람의 외모가 다르듯이 사람의 마음도 같지 않습니다." 人心如面이란 사람의 얼굴과 마찬가지로 사람의 마음도 각기 다름을 나타내는 말입니다.

你有汽车没有?

Nǐ yǒu qìchē méiyǒu?

자동차 있어요?

1. 정반의문문
2. 부사 都와 也
3. 要의 두 가지 용법
4. 喜欢

你有汽车没有？
Nǐ yǒu qìchē méiyǒu?

我没有车。
Wǒ méiyǒu chē.

你要不要买车？
Nǐ yào bu yào mǎi chē?

我要买。
Wǒ yào mǎi.

你喜欢哪国车？
Nǐ xǐhuan nǎ guó chē?

我都喜欢。
Wǒ dōu xǐhuan.

단어 · 02-2

有	yǒu	동 가지고 있다
汽车	qìchē	명 자동차(=车 chē)
没有	méiyǒu	동 없다
要	yào	조 ~하려하다
买	mǎi	동 사다
喜欢	xǐhuan	동 좋아하다
哪国	nǎ guó	어느 나라
都	dōu	부 모두

실용어법

1 정반의문문

긍정과 부정형을 나란히 병렬하여 만든 의문문 형태를 정반의문문이라고 합니다. 동사나 형용사뿐 아니라 是(shì: ～은 …이다)와 有(yǒu: 가지고 있다, 있다)도 정반의문문으로 만들 수 있습니다.

[동사형 정반의문문]

你要不要买车?	Nǐ yào bu yào mǎi chē?	당신은 자동차를 살 거예요, 사지 않을 거예요? (=당신은 자동차를 살 거예요?)

[형용사 정반의문문]

他胖不胖?	Tā pàng bu pàng?	그는 뚱뚱하나요, 뚱뚱하지 않나요? (=그는 뚱뚱한가요?)

[是를 사용한 정반의문문]

주어 + 是不是 + 목적어?

他是不是你弟弟?	Tā shì bu shì nǐ dìdi?	그는 당신 남동생입니까?

有를 사용한 정반의문문은 순서를 아래와 같이 조정할 수도 있어요.

[有를 사용한 정반의문문]

a. 주어 + 有没有 + 목적어?

你有没有汽车?	Nǐ yǒu méiyǒu qìchē?

b. 주어 + 有 + 목적어 + 没有?

你有汽车没有?	Nǐ yǒu qìchē méiyǒu?	당신은 자동차를 가지고 있습니까?

2 부사 都와 也

都(dōu: 모두)는 앞에 나오는 사람이나 사물을 총괄하고, 也(yě: ~도)는 두 가지 상황이 같거나 나란히 이루어지는 것을 나타냅니다. 주어에 대해 말하는 경우도 있고 목적어에 대해 말하기도 합니다. 이 두 표현은 한 문장 안에 동시에 출현할 수도 있습니다.

[都]

他们都好吗?	Tāmen dōu hǎo ma?	그들은 모두 잘 있죠?
他们都很努力。	Tāmen dōu hěn nǔlì.	그들은 모두 매우 노력해요.

[也]

他学习汉语，我也学习汉语。(也의 대상이 주어를 가리킨다.)
Tā xuéxí Hànyǔ，wǒ yě xuéxí Hànyǔ.
그는 중국어를 공부하고, 나도 중국어를 공부해요.

我们看书，也听音乐。(也의 대상이 목적어를 가리킨다.)
Wǒmen kàn shū, yě tīng yīnyuè.
우리는 책도 보고 음악도 들어요.

[也都]

每个人也都可以成为老师。
Měi ge rén yě dōu kěyǐ chéngwéi lǎoshī.
누구나 모두 선생님이 될 수 있어요.

这五家公司也都上市了。
Zhè wǔ jiā gōngsī yě dōu shàngshì le.
이 다섯 개 업체도 모두 상장했어요.

3 要의 두 가지 용법

(1) 원하다, 필요하다(동사적 용법)

我要一支钢笔。	Wǒ yào yì zhī gāngbǐ.	만년필 하나 주세요. (=저는 만년필 한 자루를 원해요.)
我要一辆汽车。	Wǒ yào yí liàng qìchē.	저는 자동차 한 대가 필요해요.

我**要买**水果。	Wǒ yào mǎi shuǐguǒ.	(저는) 과일을 좀 사려고요.
我**要借**一本小说。	Wǒ yào jiè yì běn xiǎoshuō.	(저는) 소설을 한 권 좀 빌리려고요.

4 喜欢

喜欢은 '좋아하다'는 뜻을 갖는 동사이지만, 어떤 사물을 좋아하는 것 외에 어떤 동작하는 것을 좋아한다고 표현할 때도 사용할 수 있습니다.

[사람이나 사물을 좋아할 때]

我**喜欢**这本书。	Wǒ xǐhuan zhè běn shū.	저는 이 책이 좋아요.
我**喜欢**他。	Wǒ xǐhuan tā.	저는 그를 좋아해요.

[어떤 동작하는 것을 좋아할 때]

我**喜欢**打球。	Wǒ xǐhuan dǎ qiú.	저는 공놀이 하는 것을 좋아해요.
我**喜欢**看书。	Wǒ xǐhuan kàn shū.	저는 책 읽는 것을 좋아해요.

● **추가 단어**  02-3

努力	nǔlì	동 노력하다	水果	shuǐguǒ	명 과일
看书	kàn shū	동 독서하다	借	jiè	동 빌리다, 빌려주다
听	tīng	동 듣다	小说	xiǎoshuō	명 소설
音乐	yīnyuè	명 음악	打球	dǎ qiú	동 공놀이 하다
支	zhī	양 자루(연필 등 가늘고 긴 물건을 세는 양사)			
钢笔	gāngbǐ	명 만년필			

✳ 제시된 단어로 여러 가지 문장을 만들어보세요.

① 你有**笔**没有?

당신은 펜이 있어요?

汽车	당신은 자동차가 있어요?
英文书	당신은 영어책이 있어요?
中文书	당신은 중국어책이 있어요?

② 你要不要**借书**?

당신은 책을 빌릴 거예요?

回家	당신은 집에 갈 거예요?
买车	당신은 자동차를 살 거예요?
买房子	당신은 집을 살 거예요?

③ 你喜欢哪一款车?

당신은 어느 디자인의 자동차를 좋아해요?

什么	당신은 어떤 자동차를 좋아해요?
哪国	당신은 어느 나라 자동차를 좋아해요?
哪个	당신은 어느 자동차를 좋아해요?

④ 我喜欢看书。

저는 책 읽는 것을 좋아해요.

学习	저는 공부하는 것을 좋아해요.
他妹妹	저는 그의 여동생을 좋아해요.
我爸爸	저는 우리 아버지를 좋아해요.

 02-5

英文书	Yīngwén shū	영어책	哪个	nǎ ge	대 어느 것
中文书	Zhōngwén shū	중국어책	学习	xuéxí	동 공부하다
借书	jiè shū	책을 빌리다	妹妹	mèimei	명 여동생
买房子	mǎi fángzi	집을 사다	爸爸	bàba	명 아버지
哪一款	nǎ yì kuǎn	어느 디자인			

✳ 녹음을 듣고 병음과 성조, 한자를 밑줄 위에 적어보세요.

1 자동차 있어요? (汽车, 你, 没有, 有)

병음: ＿＿＿＿＿＿＿＿＿＿＿＿＿＿＿＿＿＿

한자: ＿＿＿＿＿＿＿＿＿＿＿＿＿＿＿＿＿＿

2 저는 자동차가 없어요. (没有, 我, 车)

병음: ＿＿＿＿＿＿＿＿＿＿＿＿＿＿＿＿＿＿

한자: ＿＿＿＿＿＿＿＿＿＿＿＿＿＿＿＿＿＿

3 자동차 살 건가요? (买, 不要, 你, 车, 要)

병음: ＿＿＿＿＿＿＿＿＿＿＿＿＿＿＿＿＿＿

한자: ＿＿＿＿＿＿＿＿＿＿＿＿＿＿＿＿＿＿

4 살 거예요. (买, 要, 我)

병음: ＿＿＿＿＿＿＿＿＿＿＿＿＿＿＿＿＿＿

한자: ＿＿＿＿＿＿＿＿＿＿＿＿＿＿＿＿＿＿

5 어느 나라 자동차를 좋아하세요? (哪国, 喜欢, 你, 车)

병음: ＿＿＿＿＿＿＿＿＿＿＿＿＿＿＿＿＿＿

한자: ＿＿＿＿＿＿＿＿＿＿＿＿＿＿＿＿＿＿

6 전 다 좋아해요. (喜欢, 我, 都)

병음: ＿＿＿＿＿＿＿＿＿＿＿＿＿＿＿＿＿＿

한자: ＿＿＿＿＿＿＿＿＿＿＿＿＿＿＿＿＿＿

연습문제  02-7

1 대화 내용을 듣고 주인공에 대한 질문에 답하세요.

1)   질문 : 男的有没有汽车?

정답 : ______________________________________

*男的 nán de 남자

2)   질문 : 男的要买车吗?

정답 : ______________________________________

3)   질문 : 男的喜欢什么车?

정답 : ______________________________________

2 1, 2번은 要(하려 하다)를 3, 4번은 喜欢(좋아하다)을 이용해 사진 속 주인공이 하려는 것에 대해 이야기하세요.

1)   참고 단어 : 房子 집

2)   참고 단어 : 德国汽车 독일 자동차

3)   참고 단어 : 看书 독서

4)   참고 단어 : 看电视 TV를 보다

3 주어진 사진과 단어를 보고 주인공에 대해 이야기하세요.

1)   제시 단어 : 中文书 중국어책

    질   문 : 他看什么?

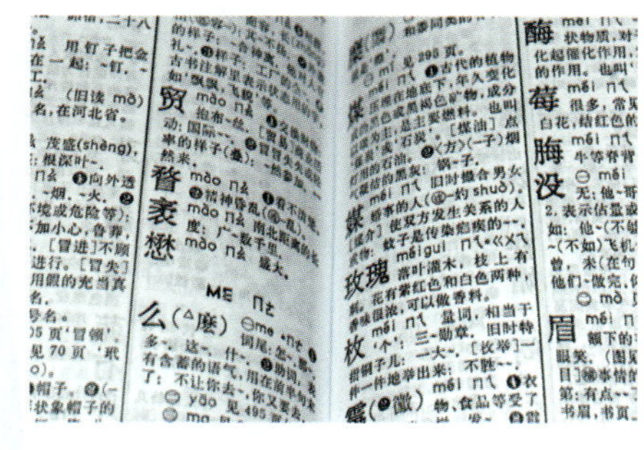

2)   제시 단어 : 汽车 자동차

    질   문 : 他有汽车没有?

고사성어

半面之交
bànmiànzhījiāo

교제가 아직 두텁지 못한 사이

유명한 학자 응봉은 그가 스무 살 되던 해, 문틈으로 얼굴을 반쯤 내민 어떤 사람과 한두 마디 정도 이야기를 나눈 적이 있습니다. 수십 년 세월이 흐른 뒤, 응봉은 길에서 목수 한 명을 만났고 그가 바로 예전에 그와 인사를 나눈 적 있는 사람이라는 것을 한눈에 알아보았습니다. 半面之交은 만난 시간이 짧아서 두 사람의 정이 깊지 않음을 비유한 말입니다.

一共多少钱?

Yígòng duōshao qián?

모두 얼마죠?

1. 양사
2. 수량이나 가격을 묻는 의문대사
3. 선택의문문

회화연습 🎧 03-1

先生，您要买什么？
Xiānsheng, Nín yào mǎi shénme?

我要两个汉堡，两杯可乐。
Wǒ yào liǎng ge hànbǎo, liǎng bēi kělè.

您要小杯还是中杯？
Nín yào xiǎobēi háishì zhōngbēi?

我要中杯。
Wǒ yào zhōngbēi.

一共多少钱？
Yígòng duōshao qián?

汉堡一个四块五，可乐一杯四块五，一共十八块。
Hànbǎo yí ge sì kuài wǔ, kělè yì bēi sì kuài wǔ, yígòng shíbā kuài.

손님, 뭐 주문하시겠어요?

햄버거 두 개랑 콜라 두 잔 주세요.

콜라는 스몰 사이즈로 드릴까요? 미디엄 사이즈로 드릴까요?

미디엄 사이즈로 주세요.

전부 얼마죠?

햄버거 한 개 4.5위안, 콜라 한 잔 4.5위안, 모두 18위안입니다.

단어 03-2

先生	xiānsheng	명 선생님(남성에 대한 존칭)
您	nín	대 당신(你 nǐ의 존칭)
要	yào	조 원하다
什么	shénme	대 무엇
两	liǎng	수 둘
个	ge	양 개
汉堡	hànbǎo	명 햄버거(=汉堡包 hànbǎobāo)
杯	bēi	명 잔
可乐	kělè	명 콜라
小杯	xiǎobēi	작은 크기의 잔
中杯	zhōngbēi	중간 크기의 잔
还是	háishì	부 또는, 아니면
一共	yígòng	부 모두
多少	duōshao	대 얼마
钱	qián	명 돈
多少钱	duōshao qián	얼마예요(가격을 묻는 표현)
块	kuài	위안(중국의 화폐단위, 구어체 표현)

실용어법

1 양사

중국어에서는 단위를 표현하는 양사를 많이 사용합니다. 각각의 명사마다 해당하는 양사가 있는데 그 종류는 무려 수백 개에 달합니다. 양사의 수가 너무 많아서 모든 양사를 알기란 어렵고 상용 양사 몇 가지만 알아두면 됩니다. 양사는 숫자 + 양사 + 명사의 어순으로 표현합니다. 다음은 상용 양사와 예시입니다.

양사	뜻	예시
个 ge	개(가장 많이 쓰는 양사)	一个人 yí ge rén 한 사람 一个学校 yí ge xuéxiào 학교 한 곳
位 wèi	분(사람을 셀 때)	两位先生 liǎng wèi xiānsheng 선생님(호칭) 두 분 两位客人 liǎng wèi kèrén 손님 두 분
本 běn	권(책을 셀 때)	三本书 sān běn shū 책 세 권 三本小说 sān běn xiǎoshuō 소설 세 권
支 zhī	자루(펜 등을 셀 때)	四支笔 sì zhī bǐ 펜 네 자루 四支钢笔 sì zhī gāngbǐ 만년필 네 자루
杯 bēi	잔	五杯咖啡 wǔ bēi kāfēi 커피 다섯 잔 五杯水 wǔ bēi shuǐ 물 다섯 잔
瓶 píng	병	六瓶啤酒 liù píng píjiǔ 맥주 여섯 병 六瓶汽水 liù píng qìshuǐ 사이다(탄산음료) 여섯 병
台 tái	대(기계를 셀 때)	七台电脑 qī tái diànnǎo 컴퓨터 일곱 대 七台洗衣机 qī tái xǐyījī 세탁기 일곱 대
张 zhāng	장(종이, 테이블을 셀 때)	八张纸 bā zhāng zhǐ 종이 여덟 장 八张车票 bā zhāng chēpiào 차표 여덟 장
把 bǎ	자루(손잡이 물건을 셀 때)	九把伞 jiǔ bǎ sǎn 우산 아홉 자루 九把椅子 jiǔ bǎ yǐzi 의자 아홉 개
辆 liàng	대(차량을 셀 때)	十辆汽车 shí liàng qìchē 자동차 열 대 十辆电动汽车 shí liàng diàndòng qìchē 전기자동차 열 대

2 수량이나 가격을 묻는 의문대사 多少

多少(duōshao: 얼마)는 보통 10 이상의 수를 질문할 때 쓰고, 10 이하의 숫자를 물을 때는 几(jǐ: 몇)를 씁니다.
多少와 명사 사이에 양사는 생략할 수 있습니다.

你有几本书?	Nǐ yǒu jǐ běn shū?	당신은 책이 몇 권 있습니까?
他吃了几个汉堡?	Tā chī le jǐ ge hànbǎo?	그는 햄버거를 몇 개 먹었나요?

你们学校有多少个老师?
Nǐmen xuéxiào yǒu duōshao ge lǎoshī?
당신 학교에는 선생님이 몇 명 계시나요?

你们班有多少学生?
Nǐmen bān yǒu duōshao xuésheng?
당신 반에는 학생이 몇 명 있나요?

3 선택의문문

질문할 때 접속사 还是(háishì: 또는)를 사용해 두 가지 실행 가능한 대답을 제시하고, 대답하는 사람이 그 중 하나를
선택하여 대답하도록 하는 의문문을 선택의문문이라고 합니다.

A: 你喝可乐还是咖啡?	Nǐ hē kělè háishì kāfēi?	콜라 드실래요? 커피 드실래요?
B: 我要喝咖啡。	Wǒ yào hē kāfēi.	커피 마실게요.

A: 今天去还是明天去?	Jīntiān qù háishì míngtiān qù?	오늘 갈까요? 내일 갈까요?
B: 明天去吧。	Míngtiān qù ba.	내일 갑시다.

A: 你觉得她漂亮还是可爱?
Nǐ juéde tā piàoliang háishì kě'ài?
당신은 저 여자가 예쁜 것 같아요? 귀여운 것 같아요?

B: 我觉得她很可爱。
Wǒ juéde tā hěn kě'ài.
저는 그녀가 아주 귀여운 것 같아요.

중국의 화폐 단위는 위안이죠? 중국 위안화는 공식적인 표현과 회화에서 말할 때 용어부터 차이를 보이는데요, 공식 단위와 구어체 읽는 방법은 다음과 같습니다.

공식 단위	元 yuán 위안	角 jiǎo 자오 (1元=10角)	分 fēn 펀 (1元=100分)
일상 표현	块 kuài 콰이	毛 máo 마오	分 fēn 펀

금액 읽기	공식단위	일상표현
2.0元(2위안)	二元 èr yuán	两块(钱) liǎng kuài(qián)
0.2元(0.2위안)	两角 liǎng jiǎo	两毛(钱) liǎng máo(qián)
0.02元(0.02위안)	两分 liǎng fēn	两分(钱) liǎng fēn(qián)
20.06元(20.06위안)	二十元零六分 èrshí yuán líng liù fēn	二十块零六(分) èrshí kuài líng liù(fēn)
24.20元(24.20위안)	二十四元两角 èrshísì yuán liǎng jiǎo	二十四块二 èrshísì kuài èr

※ 단위가 연이어지면 읽을 때 끝 단위 생략 가능

● 추가 단어　　03-3

班	bān	명 반	可爱	kě'ài	형 귀엽다
觉得	juéde	동 ~라고 여기다	零	líng	수 숫자 0
漂亮	piàoliang	형 예쁘다			

✳ 제시된 단어로 여러 가지 문장을 만들어보세요.

1 您要听什么?

당신은 무엇을 들으려 합니까?

看	당신은 무엇을 보려 합니까?
做	당신은 무엇을 하려 합니까?
买	당신은 무엇을 사려 합니까?

2 我要两个汉堡，两杯可乐。

저는 햄버거 두 개, 콜라 두 잔 주세요.

杯咖啡，	个三明治	저는 커피 두 잔, 샌드위치 두 개 주세요.
本英文书	本汉语书	저는 영어책 두 권, 중국어책 두 권 주세요.
台电脑	本杂志	저는 컴퓨터 두 대, 잡지 두 권 주세요.

3 您要**长的**还是**短的**?

긴 것 드릴까요? 짧은 것 드릴까요?

大的	小的	큰 것 드릴까요? 작은 것 드릴까요?
小杯	中杯	스몰 사이즈로 드릴까요? 미디엄 사이즈로 드릴까요?
我的	他的	제 것 드릴까요? 그의 것 드릴까요?

4 一共**十八块**。

모두 18위안입니다.

二十三块五	모두 23.5위안입니다.
五块	모두 5위안입니다.
八块八	모두 8.8위안입니다.

● **추가 단어**　🔊 03-5

听	tīng	동 듣다	短的	duǎn de		짧은 것
做	zuò	동 하다	大的	dà de		큰 것
三明治	sānmíngzhì	명 샌드위치	小的	xiǎo de		작은 것
电脑	diànnǎo	명 컴퓨터	我的	wǒ de		내 것
杂志	zázhì	명 잡지	他的	tā de		그의 것
长的	cháng de	긴 것				

✳ 녹음을 듣고 병음과 성조, 한자를 밑줄 위에 적어보세요.

1 손님, 뭐 주문하시겠어요? (要, 先生, 什么, 您, 买)

병음: ____

한자: ____

2 햄버거 두 개랑 콜라 두 잔 주세요. (要, 两, 个, 汉堡, 我, 两, 杯, 可乐)

병음: ____

한자: ____

3 콜라는 스몰 사이즈로 드릴까요? 미디엄 사이즈로 드릴까요? (还是, 您, 要, 小, 中, 杯)

병음: ____

한자: ____

4 미디엄 사이즈로 주세요. (我, 杯, 要, 中)

병음: ____

한자: ____

5 전부 얼마죠? (钱, 一共, 多少)

병음: ____

한자: ____

6 햄버거 한 개 4.5위안, 콜라 한 잔 4.5위안, 모두 18위안입니다.
(汉堡, 可乐, 一个, 四块五, 一杯, 一共, 十八, 四块五)

병음: ____

한자: ____

연습문제

1 几 또는 多少를 써서 아래 문장을 의문문으로 고쳐보세요.

1) 我们班有四十三个学生。　우리 반에는 학생이 43명 있습니다.

정답: ____

2) 这本书十四块。　이 책은 14위안입니다.

정답: ____

3) 我有一百块。　저는 100위안이 있습니다.

정답: ____

4) 一个汉堡五块钱。　햄버거 한 개에 5위안입니다.

정답: ____

5) 一共九百块。　모두 9백 위안입니다.

정답: ____

2 다음 문장을 읽고 질문에 대답하세요.

1) 我要买汉堡。
汉堡一个四块五，两个汉堡一共多少钱?

정답: ____

2) 这里有两本书。
一本十四块五，一本三块。两本书一共多少钱?

정답: ____

3)

> 我要买咖啡。
> 一杯咖啡三块，买三杯，一共多少钱?

정답: ____

3 아래의 사진을 숫자 + 양사 + 명사의 순서로 표현하세요.

1) 铅笔 연필

정답: ____

2) 汽车 자동차

정답: ____

3) 人 사람

정답: ____

4) 咖啡 커피

정답: ____

5) 啤酒 맥주

정답: ____

*식당 · 커피전문점 명칭의 중국식 표기

麦当劳	Màidāngláo	맥도널드	乐天利	Lètiānlì	롯데리아
肯德基	Kěndéjī	KFC	必胜客	Bìshèngkè	피자헛
汉堡王	Hànbǎowáng	버거킹	星巴克	Xīngbākè	스타벅스

四面楚歌

sìmiànchǔgē

사방이 적으로 둘러싸인 고립무원의 상태

초가는 초나라의 가요를 가리킵니다. 초나라 군대가 한나라 군대에 포위되었을 때, 한나라 군인들이 초나라 군인들의 마음을 동요시키기 위해 초나라 병사의 주변에서 초나라의 가요를 불렀다고 합니다. 四面楚歌는 사방으로부터 적의 위협을 받고 있어 지금 처해 있는 상황이 매우 위태로움을 가리키는 말입니다.

你们公司在哪里?

Nǐmen gōngsī zài nǎli?

회사는 어디에 있나요?

학습 중점

1. 직업 소개하기
2. 존재를 나타내는 在와 有의 용법
3. 大约의 용법
4. 백, 천, 만 단위 등 숫자 읽기

你在什么单位工作?

Nǐ zài shénme dānwèi gōngzuò?

我在建筑单位工作。

Wǒ zài jiànzhù dānwèi gōngzuò.

你们公司在哪里?

Nǐmen gōngsī zài nǎli?

在光化门。

Zài Guānghuàmén.

职员多不多?

Zhíyuán duō bu duō?

很多，大约有两千名职员。

Hěn duō, dàyuē yǒu liǎng qiān míng zhíyuán.

 어떤 회사에서 일하세요?

 저는 건축 회사에서 일해요.

 회사는 어디에 있나요?

 광화문에 있어요.

 직원이 많아요?

 아주 많아요. 대략 2천 명 정도 있어요.

단어　04-2

单位	dānwèi	명 기관, 단체, 회사, 부처, 부서
工作	gōngzuò	명 일　동 일하다
建筑	jiànzhù	명 건축
你们	nǐmen	대 당신들
公司	gōngsī	명 회사
哪里	nǎli	대 어디(=哪儿 nǎr)
光化门	Guānghuàmén	명 광화문
职员	zhíyuán	명 직원
多	duō	형 많다
很	hěn	부 아주
大约	dàyuē	부 대략
两	liǎng	수 둘
千	qiān	수 천
名	míng	양 명

실용어법

1 在의 용법

(1) 개사 在: ～에서

在 + 장소는 동사 앞에 쓰는데 이 경우 在 + 장소를 개사 구조사라고 합니다. 개사 구조는 반드시 동사 앞에 와야 합니다. 그런데 회화에서는 在 + 시간사일 때 在를 생략합니다.

在 + 장소 · 시간 + 동사 + 목적어
└, 개사 구조

他在家休息。	Tā zài jiā xiūxi.	그는 집에서 쉬어요.
他在公园散步。	Tā zài gōngyuán sànbù.	그는 공원에서 산책을 해요.
我晚上九点睡觉。	Wǒ wǎnshang jiǔ diǎn shuìjiào.	저는 밤 아홉 시에 잠을 자요.

    └, 在 + 시간사로 된 개사구 在 생략

(2) 부사 在: ～하는 중이다

부사 在는 동사 앞에 쓰여서 동작의 진행을 나타내는데요, 문장 끝에 呢(ne)를 쓸 수도 있습니다.

我在看书。	Wǒ zài kàn shū.	저는 책을 보고 있는 중이에요.
他们在上课呢。	Tāmen zài shàngkè ne.	그들은 수업 중이에요.

 존재를 나타내는 在와 有의 용법

[在 zài ～에 있다]

존재하는 사람이나 사물 + 在 + 장소

我们在教室。	Wǒmen zài jiàoshì.	우리는 교실에 있어요.
他们在银行。	Tāmen zài yínháng.	그들은 은행에 있어요.

[有 yǒu ～에 있다]

주어 + 有 + 존재하는 사람이나 사물

我们公司有十个职员。	Wǒmen gōngsī yǒu shí ge zhíyuán.	우리 회사에는 열 명의 직원이 있어요.
桌子上有一个杯子。	Zhuōzi shang yǒu yí ge bēizi.	책상 위에는 컵이 하나 있어요.

 大约의 용법

부사 大约는 대략적인 숫자를 말할 때 사용하는 표현으로, 숫자 다음에 '정도'라는 뜻의 左右(zuǒyòu)라는 글자를 넣어서 말할 수 있습니다.

大约一百万人	Dàyuē yì bǎiwàn rén	대략 백만 명
金额大约三亿左右。	Jīn'é dàyuē sān yì zuǒyòu.	금액은 대략 3억 정도 돼요.

 숫자 읽기

1	2	3	4	5	6	7	8	9	10
一	二	三	四	五	六	七	八	九	十
yī	èr	sān	sì	wǔ	liù	qī	bā	jiǔ	shí

11	12	13	14	15		20
十一	十二	十三	十四	十五	……	二十
shíyī	shí'èr	shísān	shísì	shíwǔ		èrshí

21	22	23	24	25		30
二十一	二十二	二十三	二十四	二十五	……	三十
èrshíyī	èrshí'èr	èrshísān	èrshísì	èrshíwǔ		sānshí

99	100
…… 九十九	一百
jiǔshíjiǔ	yì bǎi

[百　bǎi　백]

101	102		110
一百零一	一百零二	……	一百一十
yì bǎi líng yī	yì bǎi líng èr		yì bǎi yìshí

111	112	120		199
一百一十一	一百一十二	一百二十	……	一百九十九
yì bǎi yīshíyī	yì bǎi yìshí'èr	yì bǎi èrshí		yì bǎi jiǔshíjiǔ

200	201	202		999
两百	两百零一	两百零二	……	九百九十九
liǎng bǎi	liǎng bǎi líng yī	liǎng bǎi líng èr		jiǔ bǎi jiǔshíjiǔ

[千　qiān　천]

1000	1001	1002		1100
一千	一千零一	一千零二	……	一千一百
yì qiān	yì qiān líng yī	yì qiān líng èr		yì qiān yì bǎi

1101		1110
一千一百零一	……	一千一百一(十)
yì qiān yì bǎi líng yī		yì qiān yì bǎi yī(shí)

1111	1112	2000
一千一百一十一	一千一百一十二	两千
yì qiān yì bǎi yīshíyī	yì qiān yì bǎi yìshí'èr	liǎng qiān

[万　wàn　만]

10000
一万
yí wàn

✳ 제시된 단어로 여러 가지 문장을 만들어보세요.

① 洗手间在哪里?

화장실은 어디에 있어요?

你父母　　　　부모님은 어디 계셔요?

老师　　　　　선생님은 어디 계셔요?

书　　　　　　책은 어디 있어요?

② 书在桌子上。

책은 책상 위에 있어요.

他们　　日本　　　그들은 일본에 있어요.

他　　　客厅　　　그는 거실에 있어요.

洗手间　那里　　　화장실은 저기에 있어요.

3 我在**客厅里休息**。

나는 거실에서 쉬고 있어요.

大学	念书	나는 대학에 다녀요.
建筑单位	工作	나는 건축 회사에서 일해요.
美国	留学	나는 미국에서 유학하고 있어요.

4 **教室大不大**?

교실이 커요?

她	漂(亮)不漂亮?	그녀는 예뻐요?
你弟弟	高不高?	당신 남동생은 키가 커요?
职员	多不多?	직원이 많아요?

● **추가 단어**　 04-4

洗手间	xǐshǒujiān	명	화장실(厕所 cèsuǒ)	留学	liúxué	동	유학하다
客厅	kètīng	명	거실	高	gāo	형	(키가)크다
念书	niànshū	동	학교에 다니다, 공부하다				

✳ 녹음을 듣고 병음과 성조, 한자를 밑줄 위에 적어보세요.

1 어느 부서에서 일 하세요? (单位, 你, 在, 什么, 工作)

병음: ＿＿＿＿＿＿＿＿＿＿＿＿＿＿＿＿＿＿＿＿＿＿＿＿＿＿＿

한자: ＿＿＿＿＿＿＿＿＿＿＿＿＿＿＿＿＿＿＿＿＿＿＿＿＿＿＿

2 저는 건축 회사에서 일해요. (我, 单位, 在, 建筑, 工作)

병음: ＿＿＿＿＿＿＿＿＿＿＿＿＿＿＿＿＿＿＿＿＿＿＿＿＿＿＿

한자: ＿＿＿＿＿＿＿＿＿＿＿＿＿＿＿＿＿＿＿＿＿＿＿＿＿＿＿

3 회사는 어디에 있나요? (你们, 在, 哪里, 公司)

병음: ＿＿＿＿＿＿＿＿＿＿＿＿＿＿＿＿＿＿＿＿＿＿＿＿＿＿＿

한자: ＿＿＿＿＿＿＿＿＿＿＿＿＿＿＿＿＿＿＿＿＿＿＿＿＿＿＿

4 광화문에 있어요. (在, 光化门)

병음: ＿＿＿＿＿＿＿＿＿＿＿＿＿＿＿＿＿＿＿＿＿＿＿＿＿＿＿

한자: ＿＿＿＿＿＿＿＿＿＿＿＿＿＿＿＿＿＿＿＿＿＿＿＿＿＿＿

5 직원이 많아요? (不多, 职员, 多)

병음: ＿＿＿＿＿＿＿＿＿＿＿＿＿＿＿＿＿＿＿＿＿＿＿＿＿＿＿

한자: ＿＿＿＿＿＿＿＿＿＿＿＿＿＿＿＿＿＿＿＿＿＿＿＿＿＿＿

6 아주 많아요. 대략 2천 명 정도 있어요. (职员, 大约, 很, 多, 有, 两千, 名)

병음: ＿＿＿＿＿＿＿＿＿＿＿＿＿＿＿＿＿＿＿＿＿＿＿＿＿＿＿

한자: ＿＿＿＿＿＿＿＿＿＿＿＿＿＿＿＿＿＿＿＿＿＿＿＿＿＿＿

연습문제 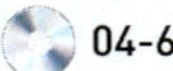 04-6

1 아래 숫자를 중국어로 읽어보세요.

1) 123

2) 102

3) 120

4) 1034

5) 2302

6) 9823

2 본문 대화 내용을 듣고 아래 질문에 대답해보세요.

1) 他在什么单位工作? ___________________________

2) 他公司在哪里? ___________________________

3) 他们公司职员多不多? ___________________________

5) 他们公司有多少职员? ___________________________

3 사진을 보고 아래 질문에 대답해보세요.

1) **房间里有几个人?**　　　방안에는 몇 명이 있습니까?

____

2) **他们在房间里做什么?**　　그들은 방에서 무엇을 하는 중입니까?

____

4 주어진 지문으로 옆 사람과 대화를 나누어 보세요.

1)
A: 你在哪儿工作? (=你在什么单位工作?)

B: 我在 ○○ 工作。

2)
A: 你的公司在哪里?

B: 我的公司在 ○○ 。

百闻不如一见

bǎiwén bùrú yíjiàn

백 번 듣는 것이 한 번 보는 것만 못하다

서북부 지역의 강족이 한나라의 국경을 여러 차례 침범하자, 한나라 선제가 조충국 장군을 보내 강족을 토벌하도록 했습니다. 선제가 조충국에게 "병력이 얼마나 필요한가?"라고 물었습니다. 조충국은 "백문이 불여일견입니다. 우리의 전략이 전쟁터에서 사용되지 않을 수도 있으니, 우선 현지를 관찰한 후에 다시 결정하도록 하겠습니다."라고 대답했습니다. 百闻不如一见은 귀로 듣는 것보다 눈으로 보는 것이 훨씬 더 진실 됨을 가리킵니다.

我家离超市很近。

Wǒ jiā lí chāoshì hěn jìn.

우리 집은 슈퍼마켓에서 가깝습니다.

학습 중점

1. 존재를 나타내는 有와 是
2. 多+형용사
3. 离, 从이 들어간 개사 구조

 회화연습　05-1

 你家面积有多大？
Nǐ jiā miànjī yǒu duō dà?

 有一百零五平米。
Yǒu yì bǎi líng wǔ píngmǐ.

 一共有几个房间？
Yígòng yǒu jǐ ge fángjiān?

 有三个房间，都很大。
Yǒu sān ge fángjiān, dōu hěn dà.

 附近有超市吗？
Fùjìn yǒu chāoshì ma?

 我家离超市很近。
Wǒ jiā lí chāoshì hěn jìn.

 당신 집은 면적이 얼마나 돼요?

 105㎡ 돼요.

 방은 모두 몇 개예요?

 방이 세 개인데 모두 커요.

 근처에 슈퍼마켓 있어요?

 우리 집은 슈퍼마켓에서 아주 가까워요.

단어 05-2

家	jiā	명 집
面积	miànjī	명 면적
多大	duō dà	얼마나 큽니까?(나이와 면적을 묻는 표현)
百	bǎi	수 숫자 100
零	líng	수 숫자 0
平米	píngmǐ	명 제곱미터(=平方米 píngfāngmǐ)
一共	yígòng	부 모두
几	jǐ	수 몇
房间	fángjiān	명 방
附近	fùjìn	명 근처, 부근
超市	chāoshì	명 슈퍼마켓
离	lí	개 ~로부터
近	jìn	형 가깝다

실용어법

1 존재를 나타내는 有와 是

在 외에도 존재를 나타내는 동사로는 有와 是가 있습니다. 어순은 다음과 같습니다.

장소 + 有(yǒu) or 是(shì) + 존재하고 있는 사람 · 사물

房间里有一件毛衣。　Fángjiān li yǒu yí jiàn máoyī.　방안에 스웨터 한 벌이 있어요.

房间里有电视。　Fángjiān li yǒu diànshì.　방안에는 텔레비전이 있어요.

> *里(li)는 장소 명사 다음에 쓰여 사물의 내부를 가리킨다.

桌子上的是一本词典。　Zhuōzi shang de shì yì běn cídiǎn.　책상 위에 있는 것은 한 권의 사전이에요.

> *上(shang)은 장소 명사 뒤에서 쓰여 사물의 표면이나 꼭대기를 가리킨다.

前边是宿舍。　Qiánbian shì sùshè.　앞쪽이 기숙사에요.

在와 有 그리고 是 모두 존재를 나타내는 동사이지만 在와 有가 가장 많이 사용됩니다.
그 긍정형과 부정형 표현 순서는 다음과 같습니다.

[在　zài　～에 있다]

긍정형	부정형
사람 / 사물 + 在 + 장소	사람 / 사물 + 不在 (búzài) + 장소
他们在中国。 Tāmen zài Zhōngguó. 그들은 중국에 있습니다.	他们不在中国。 Tāmen bú zài Zhōngguó. 그들은 중국에 없습니다.
箱子在这里。 Xiāngzi zài zhèli. 상자는 여기에 있습니다.	箱子不在这里。 Xiāngzi bú zài zhèli. 상자는 여기에 없습니다.

[有　yǒu　있다]

긍정형	부정형
장소 + 有 + 사람 / 사물	장소 + 没有(méiyǒu) + 사람 / 사물
房间里有一件毛衣。 Fángjiān li yǒu yí jiàn máoyī. 방안에 스웨터 한 벌이 있습니다.	房间里没有一件毛衣。 Fángjiān li méiyǒu yí jiàn máoyī. 방안에 스웨터 한 벌이 없습니다.
这儿附近有银行。 Zhèr fùjìn yǒu yínháng. 이 근처에는 은행이 있습니다.	这儿附近没有银行。 Zhèr fùjìn méiyǒu yínháng. 이 근처에는 은행이 없습니다.

2　多 + 형용사 용법

多는 형용사로 '많다'라는 뜻이 있지만, 多+형용사는 의문문으로 정도나 수량을 묻는 표현입니다. 이때 형용사는 단음절 형용사인 大 dà(크다), 高 gāo(높다), 长 cháng(길다), 远 yuǎn(멀다), 粗 cū(굵다), 宽 kuān(넓다), 厚 hòu(두껍다) 등이 쓰입니다. 우리말로는 '얼마나 ~합니까?, ~은 얼마나 됩니까?'의 의미이며, 술어로 쓰이는 경우 多 앞에 有를 붙입니다.

[多 + 형용사: 얼마나(정도를 묻는 의문문)]]

多大?	duō dà?	얼마나 크죠? (크기/나이를 묻는 말)
多高?	duō gāo?	높이가 얼마나 되죠? (키/높이를 묻는 말)
多长?	duō cháng?	길이가 어떻게 되죠? (길이를 묻는 말)
多重?	duō zhòng?	무게가 어떻게 되죠? (무게를 묻는 말)
多宽?	duō kuān?	너비가 어떻게 되죠? (너비를 묻는 말)

你今年多大?	Nǐ jīnnián duō dà?	올해 나이가 어떻게 되세요?
你教室多大?	Nǐ jiàoshì duō dà?	당신 교실은 얼마나 커요?
你多高?	Nǐ duō gāo?	당신 키는 몇이에요?
今天气温多高?	Jīntiān qìwēn duō gāo?	오늘 기온은 얼마나 높아요?

长城多长?	Chángchéng duō cháng?	만리장성은 얼마나 길어요?
你家离这儿多远?	Nǐ jiā lí zhèr duō yuǎn?	당신 집은 여기서 얼마나 멀어요?

A: 你多重?　　　Nǐ duō zhòng?　　　몸무게가 어떻게 되세요?
B: 六十四公斤。　Liùshísì gōngjīn.　64kg이에요.

3　离, 从이 들어간 개사 구조

离, 从은 목적어와 결합해 개사 구조를 만들고 동사 앞에 쓰입니다. 离, 从 다음에는 장소나 시간을 나타내는 단어가 오는데, 离는 A와 B의 두 지점이나 시간의 격차를 나타내고 从은 동작의 시작점을 나타냅니다.

(1) 장소 격차: 장소 A + 离 + 장소 B + 远(yuǎn: 멀다) / 近(jìn: 가깝다)

(2) 시간 격차: 离 + 시간

宿舍离图书馆很近。　　Sùshè lí túshūguǎn hěn jìn.　　기숙사는 도서관에서 아주 가까워요.

离我生日还有二十天。　Lí wǒ shēngrì háiyǒu èrshí tiān.　내 생일까지는 아직 20일이 남았어요.

> 从(cóng: ~로부터) + 시간 / 장소 + 동사

明天我们从这儿出发。　Míngtiān wǒmen cóng zhèr chūfā.　내일 우리는 여기에서부터 출발해요.

从今晚八点开始。　　　Cóng jīnwǎn bā diǎn kāishǐ.　　오늘 저녁 8시부터 시작해요.

● 추가 단어　　05-3

一件	yí jiàn	한 벌	箱子	xiāngzi	몡 상자
毛衣	máoyī	몡 스웨터	还有	háiyǒu	아직도 ~이나 남았다
电视	diànshì	몡 텔레비전	出发	chūfā	동 출발하다
词典	cídiǎn	몡 사전	开始	kāishǐ	동 시작하다
前边	qiánbian	몡 앞			

✳ 제시된 단어로 여러 가지 문장을 만들어보세요.

1 附近有书店吗?

근처에 서점 있어요?

小学	근처에 초등학교 있어요?
银行	근처에 은행 있어요?
超市	근처에 슈퍼마켓 있어요?

2 哪儿有报纸?

어디에 신문이 있죠?

楼上	几个房间	위층에는 방이 몇 개 있죠?
桌子上	几个杯子	책상 위에는 컵이 몇 개 있죠?
学校附近	什么	학교 근처에는 뭐가 있죠?

③ 桌子**上有**一个杯子。

책상 위에는 컵 한 개가 있어요.

楼上　　　三个房间	위층에 방이 세 개 있어요.
图书馆里　报纸	도서관 안에 신문이 있어요.
学校附近　很多商店	학교 근처에는 많은 상점이 있어요.

④ 我家**离**他家**不近**。

우리 집은 그의 집으로부터 가깝지 않아요.

韩国　　美国　　很远	한국은 미국으로부터 아주 멀어요.
我家　　超市　　很近	우리 집은 슈퍼마켓으로부터 아주 가까워요.
图书馆　宿舍　　很近	도서관은 기숙사로부터 매우 가까워요.

● 추가 단어　 05-5

书店	shūdiàn	동	서점	学校	xuéxiào	명	학교
小学	xiǎoxué	명	초등학교	商店	shāngdiàn	명	상점
银行	yínháng	명	은행	韩国	Hánguó	명	한국
报纸	bàozhǐ	명	신문	美国	Měiguó	명	미국
楼上	lóushàng	명	위층				

✳ 녹음을 듣고 병음과 성조, 한자를 밑줄 위에 적어보세요.

① 당신 집은 면적이 얼마나 돼요? (面积, 有, 你, 家, 多大)

병음: ___________________________

한자: ___________________________

② 105㎡ 돼요. (零, 五, 有, 一, 百, 平米)

병음: ___________________________

한자: ___________________________

③ 방은 모두 몇 개예요? (一共, 房间, 有, 几, 个)

병음: ___________________________

한자: ___________________________

④ 방이 세 개인데 모두 커요. (有, 房间, 都, 很, 三, 个, 大)

병음: ___________________________

한자: ___________________________

⑤ 근처에 슈퍼마켓 있어요? (有, 超市, 吗, 附近)

병음: ___________________________

한자: ___________________________

⑥ 우리 집은 슈퍼에서 아주 가까워요. (我, 很, 家, 离, 超市, 近)

병음: ___________________________

한자: ___________________________

연습문제  05-7

1 보기 문장을 참고로 장소와 장소 사이의 격차를 중국어로 완성하세요.

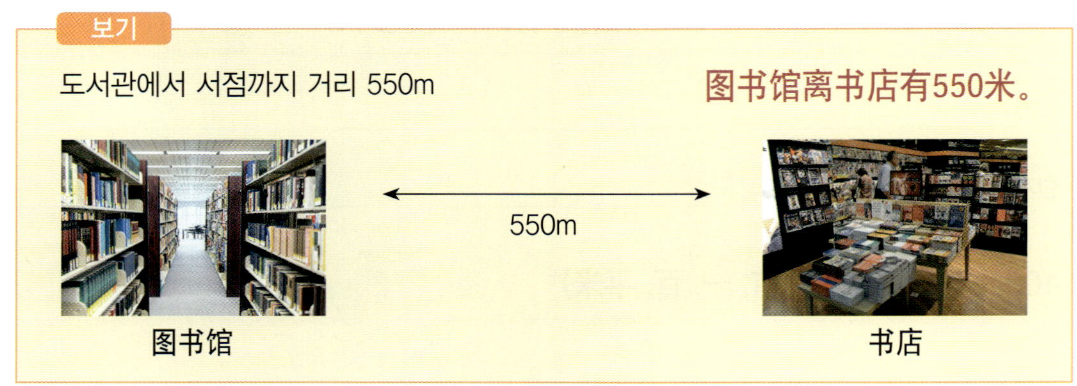

1) 서점에서 우리 집까지 거리 200m　　정답 : _______________________

200m

2) 우리 집에서 슈퍼마켓 거리 75m　　정답 : _______________________

75m

3) 기숙사에서 도서관까지의 거리 100m　　정답 : _______________________

100m

2 녹음을 듣고 다음 질문에 답하세요.

1) 질문: 韩国离中国远吗?

정답: ______________________

2) 질문: 我家离学校近不近?

정답: ______________________

3) 질문: 超市离他家远吗?

정답: ______________________

4) 질문: 图书馆离宿舍远吗?

정답: ______________________

3 우리말 문장을 중국어로 옮기세요.

1) 당신 집은 면적이 얼마나 돼요?

정답: ______________________

2) 방은 모두 몇 개예요?

정답: ______________________

3) 방이 세 개인데 모두 커요.

정답: ______________________

4) 우리 집은 슈퍼에서 아주 가까워요.

정답: ______________________

洛阳纸贵

Luòyángzhǐguì

책이 잘 팔리다

예전에 문학가 좌사라는 사람이 '삼도부'를 썼습니다. 그가 문장을 잘 써 많은 사람이 그의 문장을 읽기 위해 돌려 적었고 이리하여 낙양 지역의 종잇값도 비싸졌습니다. 洛阳纸贵는 한 사람이 쓴 저서가 잘 팔리고 있음을 비유한 말입니다.

邮局怎么走?

Yóujú zěnme zǒu?

우체국 어떻게 갑니까?

학습 중점

1. 위치를 나타내는 방위사
2. 请问의 표현
3. 不太의 용법
4. 就의 용법

请问，邮局怎么走？
Qǐngwèn, yóujú zěnme zǒu?

您从这儿右拐，
Nín cóng zhèr yòu guǎi,

一直走就到了。
yìzhí zǒu jiù dào le.

离这儿远吗？
Lí zhèr yuǎn ma?

不太远。
Bú tài yuǎn.

邮局就在银行旁边。
Yóujú jiù zài yínháng pángbiān.

말씀 좀 물을게요. 우체국 어떻게 가요?

여기에서 우회전하시고요,

쭉 가면 나옵니다.

여기에서 멀어요?

그렇게 멀지 않아요.

우체국은 바로 은행 옆에 있어요.

06-2

邮局	yóujú	명	우체국
怎么	zěnme	부	어떻게, 왜
走	zǒu	동	가다
从	cóng	개	~로부터
这儿	zhèr	대	이곳, 여기
右	yòu	명	오른쪽
拐	guǎi	동	돌다
一直	yìzhí	부	곧장, 똑바로
就	jiù	부	바로(긍정, 강조의 어감을 표시함)
到	dào	동	도착하다
了	le	조	어감을 표현하는 어기조사
不太	bú tài		그다지 ~하지 않다
银行	yínháng	명	은행
旁边	pángbiān	명	옆

실용어법

1 위치를 나타내는 방위사

(1) 前边(앞), 右边(오른편), 里边(안쪽) 등 방위를 나타내는 명사를 방위사라고 합니다. 방위사는 명사와 마찬가지로 주어, 목적어, 한정어가 될 수 있고, 한정어의 수식도 받을 수 있으며 방위사에 '쪽', '면'을 나타내는 面 mian, 边 bian, 头 tou와 같은 접미사를 붙여 사용합니다.

위	上面 shàngmian	上边 shàngbian	上头 shàngtou
아래	下面 xiàmian	下边 xiàbian	下头 xiàtou
안	里面 lǐmian	里边 lǐbian	里头 lǐtou
바깥	外面 wàimian	外边 wàibian	外头 wàitou
앞	前面 qiánmian	前边 qiánbian	前头 qiántou
뒤	后面 hòumian	后边 hòubian	后头 hòutou
옆	旁边 pángbiān		
맞은편	对面 duìmiàn		
중간	中间 zhōngjiān		

(2) 방위사 里边, 上边 등이 명사와 함께 사용될 때 접미사는 때에 따라 생략되기도 합니다. 그러나 旁边과 对面은
 접미사를 생략할 수 없습니다.

下面有笔。	Xiàmian yǒu bǐ.	아래쪽에 펜이 있어요.
他在里边。	Tā zài lǐbian.	그는 안쪽에 있어요.
我的书在桌子上面。	Wǒ de shū zài zhuōzi shàngmian.	내 책은 책상 위에 있어요.
教室里(边)很干净。	Jiàoshì lǐ(bian) hěn gānjìng.	교실 안은 아주 깨끗해요.
桌子上(边)有一个杯子。	Zhuōzi shàng(bian) yǒu yí ge bēizi.	책상 위에는 컵이 하나 있어요.

(3) 명사 + 접미사는 마치 하나의 장소처럼 쓰이기도 합니다.

桌子上(面)	zhuōzi shàng(mian)	책상 위
屋子里(面)	wūzi lǐ(mian)	방 안
学校前面	xuéxiào qiánmian	학교 앞
椅子底下	yǐzi dǐxià	의자 밑
我家后面	wǒ jiā hòumian	우리 집 뒤
你旁边	nǐ pángbiān	당신 옆자리
我这里	wǒ zhèli	지금 내가 있는 이곳, 여기

2 请问의 표현

'말씀 좀 여쭙겠습니다.'라는 뜻의 请问은 주로 상대의 대답을 필요로 하는 경우에 쓰입니다. 이와 비슷한 표현으로 劳驾(láojià)는 '실례합니다, 죄송합니다만'의 뜻으로 상대에게 어떤 일을 부탁하거나, 어떤 것을 물어볼 때 쓰는 정중한 표현입니다.

请问, 百货商店怎么走?
Qǐngwèn, bǎihuò shāngdiàn zěnme zǒu?
죄송하지만, 백화점은 어떻게 가나요? [=劳驾]

劳驾, 请让让路。
Láojià, qǐng rràngrang lù.
죄송하지만, 길 좀 비켜주세요. [请问(X)]

不太 + 형용사는 "그다지 ~하지 않다"의 뜻을 나타냅니다.

中文不太难。	Zhōngwén bú tài nán.	중국어는 그다지 어렵지 않아요.
我不太忙。	Wǒ bú tài máng.	저는 그다지 바쁘지 않아요.
我们公司不太大。	Wǒmen gōngsī bú tài dà.	우리 회사는 그다지 크지 않아요.

4 就의 용법

就는 크게 문장을 연결하고 강조하는 역할을 합니다. 본문에도 즉, ① '~하면'이란 뜻으로 어떠한 조건이나 상황을 나타내는 문장 다음에 쓰여 앞의 조건이나 상황에서 어떤 상황이 이루어지는 것을 나타내고, ② 동작이나 행위, 성질, 상태를 나타내는 말의 뒤에 쓰여 그 말을 강조합니다.

直走就到了。	Zhí zǒu jiù dào le.	똑바로 가면 도착해요.
努力学习就能成功。	Nǔlì xuéxí jiù néng chénggōng.	열심히 공부하면 성공할 수 있어요.
邮局就在银行旁边。	Yóujú jiù zài yínháng pángbiān.	우체국은 바로 은행 옆에 있어요.
她就是我女朋友。	Tā jiùshì wǒ nǚpéngyou.	그녀가 바로 제 여자 친구예요.

✳ 제시된 단어로 여러 가지 문장을 만들어보세요.

① **医院**怎么走?

병원 어떻게 가죠?

银行	은행 어떻게 가죠?
邮局	우체국 어떻게 가죠?
电影院	영화관 어떻게 가죠?

② 您从这儿**右拐**。

여기에서부터 우회전하세요.

左拐	여기에서부터 좌회전하세요.
直走	여기에서부터 직진하세요.
掉头	여기에서부터 유턴하세요.

3 不太**高**。

그다지 높지 않아요.

好	그다지 좋지 않아요.
远	그다지 멀지 않아요.
漂亮	그다지 예쁘지 않아요.

4 **铅笔**就在**抽屉里边**。

연필은 바로 서랍 안쪽에 있어요.

宿舍	餐厅	旁边	기숙사를 바로 레스토랑 옆에 있어요.
书店	公园	东边	서점은 바로 공원 동쪽에 있어요.
邮局	银行	旁边	우체국은 은행 바로 옆에 있어요.

● **추가 단어**  06-4

医院	yīyuàn	명 병원	抽屉	chōutì	명 서랍
电影院	diànyǐngyuàn	명 영화관	餐厅	cāntīng	명 레스토랑
掉头	diàotóu	동 방향을 되돌리다 (=유턴하다)			

✳ 녹음을 듣고 정확한 병음과 성조, 한자를 밑줄 위에 적어보세요.

1 말씀 좀 물을게요. 우체국 어떻게 갑니까? (邮局, 走, 怎么, 请问)

병음: ____

한자: ____

2 여기에서 우회전하시고요, 쭉 가면 나옵니다. (您, 从, 就, 到, 这儿, 右拐, 一直, 走, 了)

병음: ____

한자: ____

3 여기에서 멀어요? (离, 吗, 这儿, 远)

병음: ____

한자: ____

4 그렇게 멀지 않아요. (不太, 远)

병음: ____

한자: ____

5 우체국은 바로 은행 옆에 있어요. (邮局, 旁边, 就, 在, 银行)

병음: ____

한자: ____

6 서점은 바로 공원 동쪽에 있어요. (东边, 就在, 书店, 公园)

병음: ____

한자: ____

연습문제

1 그림을 보고 방위사를 사용해서 질문에 대답하세요.

1) 教室里边一共有几个人?

정답: ____

2) 教室里边有几个学生?

정답: ____

3) 老师在哪儿?

정답: ____

4) 老师后面有什么?

정답: ____

*黑板　hēibǎn　칠판

2 주어진 단어로 우리말 문장을 중국어로 옮기세요.

1) 은행은 병원 옆에 있습니다. （在, 旁边）

정답: ____

2) 극장 맞은편은 학교입니다. （是, 对面）

정답: _______________________________

3) 학교 안에 은행이 하나 있습니다. （有, 里边）

정답: _______________________________

4) 우리 집은 바로 앞에 있습니다. （就在, 前面）

정답: _______________________________

③ 그림을 보고 在 또는 有를 사용해 질문에 대답하세요.

1) 妈妈在哪里?

정답: _______________________________

2) 抽屉里边有什么?

정답: _______________________________

*铅笔 qiānbǐ 연필   记事本 jìshìběn 다이어리
　笔筒 bǐtǒng 필통

3) 爸爸在家吗?

정답: _______________________________

고사성어

金石为开
jīnshíwéikāi

지성이면 감천이다

한나라 명장인 이광은 큰 돌을 호랑이로 보고 돌을 향해 화살을 쏘았습니다. 그 결과 화살이 돌 한가운데 꽂히는 일이 발생했죠. 이 이야기를 들은 자운은 "진심으로 원하여 정성을 다한다면 금석도 뚫을 수 있다."고 말했는데요, 이는 정성을 다 한다면 사물까지도 감동을 줄 수 있음을 나타내는 말입니다.

我请你吃饭吧。

Wǒ qǐng nǐ chīfàn ba.

제가 밥 살게요.

학습 중점

1. 的의 용법
2. 능원동사 想과 要
3. 겸어문
4. 연동문 Ⅰ

회화연습 07-1

我的照相机太旧了。
Wǒ de zhàoxiàngjī tài jiù le.

我想买一个新的。
Wǒ xiǎng mǎi yí ge xīn de.

什么时候去买呢？
Shénme shíhou qù mǎi ne?

要不要我陪你一起去？
Yào bu yào wǒ péi nǐ yìqǐ qù?

好啊！谢谢你！
Hǎo a! Xièxie nǐ!

那我请你吃饭吧。
Nà wǒ qǐng nǐ chīfàn ba.

 07-2

단어

的	de	조 ~의
照相机	zhàoxiàngjī	명 카메라
太 ~了	tài ~le	너무 ~하다
旧	jiù	형 낡다
想	xiǎng	조 ~하고 싶다
新的	xīn de	새 것
什么时候	shénme shíhou	언제
呢	ne	조 부드러운 어감을 나타내는 어기조사
陪	péi	동 동반하다
一起	yìqǐ	부 함께
去	qù	동 가다
好	hǎo	형 좋다
啊	a	조 어감을 표현하는 어기조사
谢谢	xièxie	동 고맙다
那	nà	접 그렇다면
请	qǐng	동 한턱내다
吃饭	chīfàn	밥을 먹다

실용어법

1 的의 용법

(1) 구조조사 的는 한정어와 중심어 사이에 놓여 종속 관계나 수식 관계를 나타내며, '~의' 또는 '~한'의 뜻으로 쓰입니다.

我的老师	wǒ de lǎoshī	나의 선생님
她的书	tā de shū	그녀의 책
幸福的生活	xìngfú de shēnghuó	행복한 생활

(2) 인칭대명사(我, 你, 他, 她 …)가 한정어로 오고 중심어가 친족이나 친구 또는 소속 기관이거나 단체일 경우 的를 생략할 수 있습니다. 또한, 수식어가 중심어의 성질을 설명할 경우 일반적으로 的를 쓰지 않습니다.

[가족이나 소속단체를 나타냄]

他爸爸	tā bàba	그의 아버지
我朋友	wǒ péngyou	나의 친구
她公司	tā gōngsī	그녀의 직장

[성질을 설명함]

汉语书	Hànyǔ shū	중국어책
韩国人	Hánguórén	한국인

(3) 的가 한정어와 중심어 사이에 놓여 종속이나 수식 관계를 나타내고 문맥으로 보아 무엇을 이야기하고 있는지를 알 수 있는 경우, 的 뒤에 오는 중심어는 생략할 수 있는데, 이 경우 '~의 것', '~한 것'의 뜻을 갖습니다.
형용사(명사/동사)+的 형식으로 표현될 경우 명사의 성질을 나타냅니다.

新的 ↔ 旧的	便宜的 ↔ 贵的	大的 ↔ 小的
xīn de ↔ jiù de	piányi de ↔ guì de	dà de ↔ xiǎo de
새 것 ↔ 헌 것	싼 것 ↔ 비싼 것	큰 것 ↔ 작은 것

新的好看，旧的不好看。

Xīn de hǎokàn, jiù de bù hǎokàn.

새 것은 예쁘고, 헌 것은 보기 안 좋아요.

我要买新的。	Wǒ yào mǎi xīn de.	저는 새 것을 살 거예요.
这是我的。	Zhè shì wǒ de.	이것은 제 것이에요.

我有两个孩子，**大的**五岁，**小的**三岁。

Wǒ yǒu liǎng ge háizi， dà de wǔ suì， xiǎo de sān suì.

저는 애가 둘 있는데요, 큰 애는 5살, 작은 애는 3살이에요.

2 능원동사 想과 要

능원동사는 일반적으로 동사나 형용사 앞에 놓이기 때문에 조동사이기도 한데, 능력·원망·요구·가능 등의 뜻을 나타냅니다.

> 想　xiǎng
> ① 동사: 생각하다
> ② 조동사: ～하고 싶다

你**想**看电影吗?　　　　Nǐ xiǎng kàn diànyǐng ma?　　　　당신은 영화가 보고 싶어요?

我**不想**看电影，我**想**休息。

Wǒ bù xiǎng kàn diànyǐng， wǒ xiǎng xiūxi.

나는 영화는 보고 싶지 않고 쉬고 싶어요.

> 要　yào
> ① 동사: 원하다
> ② 조동사: ～하려 하다, ～ 해야 한다
> 　조동사 要의 부정형은 **不要**가 아니라 **不想**　bù xiǎng입니다.

我**要**买一件衣服。　　Wǒ yào mǎi yí jiàn yīfu.　　나는 옷을 한 벌 사려고 해요.

我**要**买一本小说。　　Wǒ yào mǎi yì běn xiǎoshuō.　　나는 소설책 한 권을 사려고 해요.

我**不想**买衣服。　　Wǒ bù xiǎng mǎi yīfu.　　저는 옷을 사고 싶지 않아요.

당위를 나타내는 **要**의 부정형은 **不用**　búyòng 입니다.

教室里**要**安静。　　Jiàoshì li yào ānjìng.　　교실 안에서는 조용히 해야 해요.

学生**要**努力学习。　　Xuésheng yào nǔlì xuéxí.　　학생은 열심히 공부해야 해요.

3 겸어문

한 문장 안에 두 개의 동사가 나오고, 제일 먼저 등장하는 동사의 목적어가 뒤에 오는 동사의 주어가 되는 문장을 '겸어문'이라고 합니다.

他	请	我	吃	饭。
Tā	qǐng	wǒ	chī	fàn.
주어	동사 1	목적어/주어	동사 2	목적어 2

我想请你看电影。	Wǒ xiǎng qǐng nǐ kàn diànyǐng.	당신에게 영화 보여 주고 싶어요.
今天我请你喝咖啡。	Jīntiān wǒ qǐng nǐ hē kāfēi.	오늘 제가 당신에게 커피 사줄게요.

4 연동문 I

연동문은 술어부가 두 가지 이상의 동사나 동사구로 이루어져 같은 주어를 갖는 문장입니다. 쉽게 말하면 한 문장 안에 동사가 연이어 두 번 나오는 문장입니다. 해석하는 방법은 ①동작과 ②동작을 순차적으로 해석할 수도 있고, ②동작이 ①동작의 수단이나 방식을 나타낼 수도 있습니다.

我们去喝咖啡怎么样?

Wǒmen qù hē kāfēi zěnmeyàng?
우리 커피 마시러 가는 것이 어때요?

下午我们去商店买东西。

Xiàwǔ wǒmen qù shāngdiàn mǎi dōngxi.
오후에 우리는 상점에 물건을 사러 가요.

中国人用筷子吃饭。

Zhōngguórén yòng kuàizi chīfàn.
중국 사람은 젓가락으로 밥을 먹습니다.

我坐公共汽车去。

Wǒ zuò gōnggòng qìchē qù.
저는 버스를 타고 가요.

✳ 제시된 단어로 여러 가지 문장을 만들어보세요.

1 我的衣服太漂亮了。

제 옷은 너무 예뻐요.

照相机	旧	제 카메라는 너무 낡았어요.
屋子	乱	제 방은 너무 지저분해요.
耳机	可爱	제 이어폰은 너무 귀여워요.

2 我想买一个新的。

저는 새 것으로 하나 사고 싶어요.

贵	저는 비싼 것으로 하나 사고 싶어요.
大	저는 큰 것으로 하나 사고 싶어요.
便宜	저는 싼 것으로 하나 사고 싶어요.

③ 什么时候去吃饭呢?

언제 밥 먹으러 가죠?

买	언제 사러 가죠?
喝酒	언제 술 마시러 가죠?
见他	언제 그를 만나러 가죠?

④ 那我请你喝饮料吧。

그럼 제가 당신께 음료수를 대접할게요.

吃饭	그럼 제가 당신께 밥을 대접할게요.
喝咖啡	그럼 제가 당신께 커피를 대접할게요.
看电影	그럼 제가 당신께 영화를 보여드릴게요.

● **추가 단어**  07-4

| 屋子 | wūzi | 명 방 | 耳机 | ěrjī | 명 이어폰 |
| 乱 | luàn | 형 지저분하다 | 饮料 | yǐnliào | 명 음료 |

✳ 녹음을 듣고 정확한 병음과 성조, 한자를 밑줄 위에 적어보세요.

① 제 카메라는 너무 낡았어요. (照相机, 太, 旧, 我, 的, 了)

병음: ______________________________________

한자: ______________________________________

② 새 것으로 하나 사고 싶어요. (我, 想, 个, 新, 的, 买, 一)

병음: ______________________________________

한자: ______________________________________

③ 언제 사러 갈 건가요? (买, 什么, 时候, 去, 呢)

병음: ______________________________________

한자: ______________________________________

④ 제가 같이 가 드릴까요? (要, 不要, 你, 一起, 去, 我, 陪)

병음: ______________________________________

한자: ______________________________________

⑤ 좋죠! 고마워요! 그럼 제가 밥을 살게요. (好, 请, 你, 吃饭, 啊, 谢谢, 你, 那, 我, 吧)

병음: ______________________________________

한자: ______________________________________

⑥ 그럼 제가 당신께 영화를 보여드릴게요. (看, 请, 电影, 那, 我, 你, 吧)

병음: ______________________________________

한자: ______________________________________

연습문제

1 그림을 보고 질문에 대답하세요.

1) 他们什么时候去吃饭？

   정답: ________________________

2) 他什么时候去中国？

   정답: ________________________

3) 他什么时候去看电影？

   정답: ________________________

4) 他什么时候起床？

   정답: ________________________

2 다음은 데이트를 신청하는 남자의 이야기입니다.

[보기]에서 괄호 안에 들어갈 단어를 고르세요.

 我想(　　　)你(　　　　　)。

제가 식사를 사고 싶은데요.

你什么时候(　　　　　)?

언제 시간 있으세요?

 (　　　　　)! 我没有空。

죄송해요. 저는 시간 없어요.

3 제시된 단어를 사용하여 상황을 중국어로 설명하세요.

照相机 카메라　　旧 낡다

예문) **我的照相机太旧了。**
제 카메라는 아주 낡았습니다.

1)　旧 낡다　　汽车 자동차

정답: ___________________________________

2)　漂亮 예쁘다　　衣服 옷

정답: ___________________________________

3)　可爱 귀엽다　　女朋友 여자친구

정답: ___________________________________

守株待兔

shǒuzhūdàitù

나무 그루터기를 지키며 토끼를 기다리다

옛날에 한 농부가 밭에서 농사를 짓고 있는데 갑자기 토끼 한 마리가 너무 빨리 달려 밭에 있는 나무 그루터기에 부딪혀 죽는 것을 발견하게 되었습니다. 그날부터 농부는 종일 큰 나무 옆에 앉아 토끼가 다시 나타나기만을 기다렸다고 합니다. 守株待兔는 순간의 행운만을 추구하고 일을 하지 않는 것을 말합니다.

我学了三个月中文。

Wǒ xué le sān ge yuè Zhōngwén.

저는 중국어를 3개월 동안 배웠습니다.

학습 중점

1. 동태조사 了
2. 시량보어
3. 정도보어
4. 好·难의 표현

회화연습 08-1

你为什么学汉语呢？
Nǐ wèishénme xué Hànyǔ ne?

我喜欢中国文化。
Wǒ xǐhuan Zhōngguó wénhuà.

你觉得汉语好学吗？
Nǐ juéde Hànyǔ hǎoxué ma?

我学了三个月中文，觉得中文不好学。
Wǒ xué le sān ge yuè Zhōngwén, juéde Zhōngwén bù hǎoxué.

只有三个月？
Zhǐyǒu sān ge yuè?

你已经讲得很好了。
Nǐ yǐjing jiǎng de hěn hǎo le.

08-2

단어

为什么	wèishénme	대	왜
学	xué	동	배우다
汉语	Hànyǔ	명	중국어
中国	Zhōngguó	명	중국
文化	wénhuà	명	문화
觉得	juéde	동	느끼다
好学	hǎoxué	동	배우기 쉽다, 배우는 것을 좋아하다
了	le	조	동태조사
三	sān	수	숫자 3
月	yuè	명	월
中文	Zhōngwén	명	중국어
只有	zhǐyǒu	부	단지, 오직
已经	yǐjing	부	이미, 벌써
讲	jiǎng	동	말하다

실용어법

1 동태조사 了

(1) 긍정형

동사의 뒤에 붙어서 동작의 완성을 나타내는 조사를 동태조사라고 합니다. 동태조사 了는 동사 뒤에 쓰여 동작의 완료를 나타내는데, 보통 了의 위치는 동사 + 了나 문장 끝에 올 수 있지만, 목적어가 수량사이거나 한정어를 수반할 경우에는 반드시 동사 + 了(동태조사) + 목적어의 순서로 표현해야 합니다.

吃了	chī le	먹었어요
看了	kàn le	봤어요
买了	mǎi le	샀어요

他买了三本书。

Tā mǎi le sān běn shū.

그는 책을 3권 샀어요.

我看了一个有意思的广告。

Wǒ kàn le yí ge yǒu yìsi de guǎnggào.

나는 재미있는 광고를 하나 봤어요.

(2) 부정형

동태조사 了가 있는 문장의 부정형은 동사 앞에 没 또는 没有를 쓰고 了를 없앱니다.

A: 你看了几本书?　　Nǐ kàn le jǐ běn shū?　　당신을 책을 몇 권 봤어요?
B: 我没看书。　　　　Wǒ méi kàn shū.　　　　저는 책을 보지 않았어요.

2 시량보어

어떤 동작이나 상태가 어느 시간만큼 계속되었는지 설명하고자 할 때, 술어 동사 뒤에 시간을 표현하는 보어를 쓰는데 이를 시량보어라고 합니다.

他病了一个星期。　　Tā bìng le yí ge xīngqī.　　그는 일주일 동안 아팠어요.
治疗了近一个月。　　Zhìliáo le jìn yí ge yuè.　　한 달 가까이 치료를 받았어요.

동사가 목적어를 수반할 때는 동사를 반복하고 반복한 동사 다음에 시량보어를 씁니다.

동사 + 목적어 + 동사 + 了 + 시량보어

他学汉语学了一年。

Tā xué Hànyǔ xué le yì nián.

그는 중국어를 1년간 배웠어요.

我们看电影看了两个小时。

Wǒmen kàn diànyǐng kàn le liǎng ge xiǎoshí.

우리는 영화를 두 시간 동안 보았어요.

목적어가 인칭대명사가 아니면 동사와 목적어 사이에 시량보어를 넣고 그사이에 的를 넣을 수 있습니다.

동사 + 了 + 시량보어 + (的) + 목적어

我学了三个月(的)中文。

Wǒ xué le sān ge yuè (de) Zhōngwén.

저는 중국어를 3개월 동안 배웠어요.

我学了四年(的)跆拳道。

Wǒ xué le sì nián (de) Táiquándào.

저는 태권도를 4년간 배웠어요.

3 정도보어

정도보어란 동사 또는 형용사 다음에 구조조사 得(de)을 사용해 연결하는 보어를 말합니다.
得을 써서 연결하는 정도보어는 동작이나 상태를 나타내는 결과 또는 정도를 포괄합니다. 예를 들어, 跑得快 pǎo de kuài (빨리 달린다)처럼 동사 + 得 + 형용사의 어순으로, 달리는 속도를 나타낼 수 있습니다. 정도보어의 표현 형식은 다음과 같습니다.

(1) 동사 + 得 + 형용사 (표준형)

A: 玩儿得怎么样?　　Wánr de zěnmeyàng?　　논 것 어땠어요?

B: 玩儿得很痛快。　　Wánr de hěn tòngkuài.　　신나게 놀았어요.

A: 唱得怎么样?　　Chàng de zěnmeyàng?　　노래 실력 어때요?

B: 唱得很好。　　Chàng de hěn hǎo.　　노래 잘 불러요.

睡得很晚　　Shuì de hěn wǎn.　　아주 늦게 잤어요.

他唱得很好。　　Tā chàng de hěn hǎo.　　그는 노래를 잘 불러요.

她说得很快。　　Tā shuō de hěn kuài.　　그녀는 말이 빨라요.

동사 뒤에 목적어가 있으면, 동사를 반복하거나 문장에 나오는 첫 번째 동사를 생략해서 목적어 + 동사 + 得 + 형용사와 같이 표현할 수 있습니다.

1) 동사 + 목적어 + 같은 동사 + 得 + 형용사
2) 목적어 + 같은 동사 + 得 + 형용사

他唱歌唱得很好。　　Tā chàng gē chàng de hěn hǎo.　　그는 노래를 잘 불러요.

他歌唱得很好。　　Tā gē chàng de hěn hǎo.　　그는 노래를 잘 불러요.

他写汉字写得很好。　　Tā xiě Hànzì xiě de hěn hǎo.　　그는 한자를 잘 써요.

他汉字写得很好。　　Tā Hànzì xiě de hěn hǎo.　　그는 한자를 잘 써요.

他**说英语说得**很流利。　Tā shuō Yīngyǔ shuō de hěn liúlì.　그는 영어를 유창하게 해요.

他**英语说得**很流利。　Tā Yīngyǔ shuō de hěn liúlì.　그는 영어를 유창하게 해요.

(2) 형용사가 오는 경우

还差得远。　Hái chà de yuǎn　아직 멀었어요.(실력이 부족함을 나타내는 말)

漂亮得很。　Piàoliang de hěn.　굉장히 예뻐요.

忙得很。　Máng de hěn.　굉장히 바빠요.

累得要命。　Lèi de yàomìng.　힘들어서 죽을 지경이에요.

4 好·难의 표현

好 + 동사 또는 难 + 동사 순서로 다양한 표현을 만들 수 있는데, 전자는 '～하기 좋다', 후자는 '～하기 어렵다'는 뜻을 나타냅니다.

好 + 동사	难 + 동사
好看 hǎokàn 재미있다, 예쁘다	难看 nánkàn 재미없다, 못생겼다
好听 hǎotīng 듣기 좋다	难听 nántīng 듣기 안 좋다
好吃 hǎochī (음식이) 맛있다	难吃 nánchī (음식이) 맛없다
好喝 hǎohē (음료가) 맛있다	难喝 nánhē (음료가) 맛없다
好懂 hǎodǒng 이해하기 쉽다	难懂 nándǒng 이해하기 어렵다
好学 hǎoxué 배우기 쉽다	难学 nánxué 배우기 어렵다
好做 hǎozuò 하기 쉽다	难做 nánzuò 하기 어렵다
好写 hǎoxiě 쓰기 쉽다	难写 nánxiě 쓰기 어렵다

● 추가 단어  08-3

玩儿	wánr	동 놀다	得很	de hěn	형용사 뒤에 쓰여 정도가 심함을 나타냄
睡	shuì	동 잠을 자다			
晚	wǎn	형 늦은	忙	máng	형 바쁘다
流利	liúlì	형 유창하다	累	lèi	형 피곤하다
			要命	yàomìng	동 ～해서 죽을 지경이다

✳ 제시된 단어로 여러 가지 문장을 만들어보세요.

① 你为什么**不吃**呢?

왜 안 먹어요?

不去	왜 안 가요?
学汉语	왜 중국어를 배우세요?
不说话	왜 말을 안 하세요?

② 我喜欢**足球**。

나는 축구를 좋아해요.

中国茶	나는 중국 차를 좋아해요.
唱歌	나는 노래 부르는 것을 좋아해요.
中国文化	나는 중국 문화를 좋아해요.

③ 你觉得**中国菜好吃**吗?

당신은 중국요리가 맛있다고 생각해요?

汉字好写	당신은 한자가 쓰기 쉽다고 생각해요?
啤酒好喝	당신은 맥주가 맛있다고 생각해요?
汉语好学	당신은 중국어가 배우기 쉽다고 생각해요?

④ 你已经**讲**得很好了。

당신은 이미 굉장히 말을 잘하는 걸요.

说	당신은 이미 굉장히 말을 잘하는 걸요.
做	당신은 이미 굉장히 잘하는 걸요.
写	당신은 이미 굉장히 잘 쓰는 걸요.

● 추가 단어  08-5

说话	shuōhuà	말을 하다	中国菜	Zhōngguó cài	몡 중국요리
茶	chá	몡 차	汉字	Hànzì	몡 한자
足球	zúqiú	몡 축구	啤酒	píjiǔ	몡 맥주
唱歌	chàng gē	노래를 부르다			

✳ 녹음을 듣고 정확한 병음과 성조, 한자를 밑줄 위에 적어보세요.

1 당신은 왜 중국어를 배워요? (学, 汉语, 你, 为什么, 呢)

병음: ______________________________

한자: ______________________________

2 저는 중국 문화가 좋아요. (我, 文化, 喜欢, 中国)

병음: ______________________________

한자: ______________________________

3 중국어가 배우기 쉽다고 생각해요? (你, 学, 吗, 觉得, 汉语, 好)

병음: ______________________________

한자: ______________________________

4 3개월간 배웠는데 중국어는 배우기 쉽지 않은 것 같아요. (我, 三个月, 中文, 学, 了, 觉得, 不好, 学, 中文)

병음: ______________________________

한자: ______________________________

5 겨우 3개월이요? (有, 三, 个, 只, 月)

병음: ______________________________

한자: ______________________________

6 이미 아주 잘하는 걸요. (你, 好, 已经, 讲, 得, 很, 了)

병음: ______________________________

한자: ______________________________

연습문제  08-7

1 괄호를 채워 그림 속 상황을 설명하세요.

1) 我觉得汉语很(　　　　)。

2) 我喜欢(　　　　)。

3) 我觉得中国菜很(　　　　)。

4) 我觉得牛奶很(　　　　)。

2 다음은 시량보어를 쓰는 문제입니다. 1인칭과 주어진 단어로 문장을 완성하세요.

1) 学汉语　중국어를 공부하다
   两个月　두 달

   정답: _______________________

2) 病了　병이 났다
   一个星期　일주일

   정답: _______________________

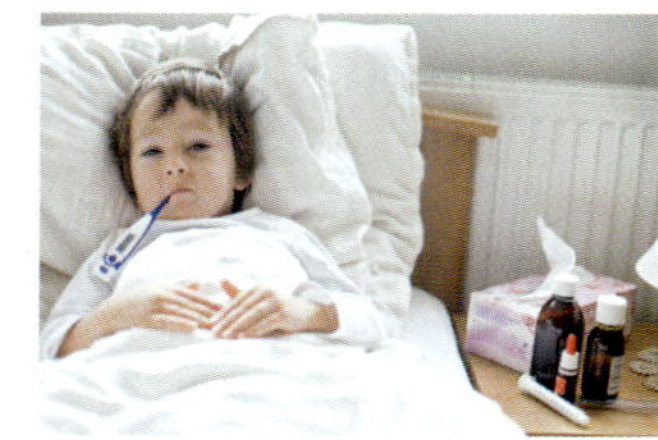

3)　跆拳道　태권도
　　三年　3년

　　정답: _______________________________

4)　做菜　요리하다
　　一个小时　한 시간

　　정답: _______________________________

③ 녹음을 듣고 질문에 답하세요.

1)　질문: 他学了几个月中文?

　　정답: _______________________________

2)　질문: 女的为什么学汉语?

　　정답: _______________________________
　　*女的　nǚ de　여자

3)　질문: 女的觉得学汉语怎么样?

　　정답: _______________________________

고사성어

百发百中
bǎifābǎizhōng

계획이나 예상이 딱딱 들어맞다

양유기는 춘추시대 사람으로 활 쏘는 기술이 상당히 뛰어났습니다. 그는 백 보 밖에 있는 버드나무 위에 빨간색으로 표시하고 화살 백 개를 쏘았는데, 그 결과 화살마다 모두 그가 가리킨 버드나무 잎 중심에 적중했습니다. 百发百中은 한 사람이 일을 정확히 파악하고 있음을 나타내는 말입니다.

你最近过得好吗?

Nǐ zuìjìn guò de hǎo ma?

요즘 잘 지내요?

학습 중점

1. 어기조사 了 Ⅰ
2. 개사 跟
3. 着의 용법

好久没跟你联系了。
Hǎojiǔ méi gēn nǐ liánxì le.

你最近过得好吗？
Nǐ zuìjìn guò de hǎo ma?

还好，老样子。
Hái hǎo, lǎo yàngzi.

你呢？都忙什么呢？
Nǐ ne? Dōu máng shénme ne?

最近都忙着工作!
Zuìjìn dōu máng zhe gōngzuò!

09-2

단어

好	hǎo	부	너무(시간이 오래되었음을 강조함)
久	jiǔ	형	오래
没	méi	부	~않다(과거의 경험, 사실 등을 부정함)
跟	gēn	개	~와
联系	liánxì	동	연락하다
最近	zuìjìn	명	최근
过	guò	동	지내다
得	de	조	동사나 형용사 뒤에 쓰여 결과나 정도를 나타내는 보어와 연결하게 함
还	hái	부	아직도, 그런대로
老	lǎo	형	늙다, 원래의
样子	yàngzi	명	모양
忙	máng	형	바쁘다
着	zhe	조	~하고 있다, ~하고 있는 중이다

실용어법

1 어기조사 了 I

문장 끝에 了를 써서 새로운 상황이 발생했음을 나타낼 수 있는데, 이는 어기조사 了의 주요 용법입니다.

我感冒了。	Wǒ gǎnmào le.	나는 감기에 걸렸어요.
下雨了。	Xiàyǔ le.	비가 와요.
他生病了。	Tā shēngbìng le.	그가 병이 났어요.

앞 과에서 동태조사 了를 배웠는데 둘 사이의 차이는 위치를 통해 구별합니다.
이 둘은 한 문장 안에 같이 쓰이기도 합니다.

동태조사 了 동작의 완료 / 실현을 나타냄	어기조사 了 어떤 일이나 상황이 발생했음을 나타냄
목적어가 없는 경우	
동사 +了처럼 동사 다음에 옴 我吃了。 Wǒ chī le. 저는 먹었어요.	문장 끝에 위치 下雪了。 Xià xuě le. 눈이 내려요.
목적어가 있는 경우	

我买了水果了。 Wǒ mǎi le shuǐguǒ le. 나는 과일을 샀어요.
(동태조사 / 어기조사)

이때 동태조사 了를 생략할 수 있습니다.

我买水果了。 Wǒ mǎi shuǐguǒ le. 나는 과일을 샀어요.
(어기조사)

그러나 목적어 앞에 한정어가 있다면 반드시 '동사 +了+ 한정어 + 목적어' 순서로 써야 합니다.

我买了 一件 衣服。 Wǒ mǎi le yí jiàn yīfu. 나는 옷을 한 벌 샀어요.
(동태조사 / 한정어(수식어) / 목적어)

(1) 평서문

你去哪儿?	Nǐ qù nǎr?	(당신) 어디 가세요?
你去哪儿了?	Nǐ qù nǎr le?	(당신) 어디 갔었어요?
=你去了哪儿了?		

我去商店。	Wǒ qù shāngdiàn.	나는 상점에 갑니다.
我去商店了。	Wǒ qù shāngdiàn le.	나는 상점에 갔다 왔어요.
=我去了商店了。		

(2) 부정문

부정형은 동사 앞에 没有 또는 没를 붙이고 了를 없앱니다.

他没有买水果。	Tā méiyǒu mǎi shuǐguǒ.	그는 과일을 사지 않았어요.
他今天没吃早饭。	Tā jīntiān méi chī zǎofàn.	그는 오늘 아침 식사를 하지 않았어요.

(3) 의문문

의문문은 문장 끝에 ~了吗?를 붙이거나 ~了没有?를 써서 표현합니다.

어제 영화 봤어요?

① ~ 了吗?

昨天你看电影了吗?	Zuótiān nǐ kàn diànyǐng le ma?

② ~ 了没有?

昨天你看电影了没有?	Zuótiān nǐ kàn diànyǐng le méiyǒu?
=昨天你看了电影没有?	Zuótiān nǐ kàn le diànyǐng méiyǒu?

好久没跟你联系了。 분석:

대화문의 了는 문장 끝에 나왔기 때문에 어기조사이고, 好久 오랫동안 + 没跟你联系 당신과 연락하지 못한 상황이 있었지만 +了 이제 두 사람이 만났으니 연락 못했던 상황은 끝났고 우리가 만난 새로운 상황이 발생했음을 나타냅니다. 설명이 복잡하지만 오래 만난 지인과 자주 쓰는 표현인 만큼 외워두세요.

(1) 접속사

跟은 和와 같은 뜻으로 '~와(과)'입니다.

老师**和**学生	lǎoshī hé xuésheng	선생님과 학생
爸爸**跟**妈妈	bàba gēn māma	아버지와 어머니
我想**跟**你一起去。	Wǒ xiǎng gēn nǐ yìqǐ qù.	나는 당신과 함께 가고 싶어요.

(2) 개사

跟은 '~에게'라는 뜻으로 跟 + 사람 + 동사의 순서로 표현합니다.

跟大家商量　　　gēn dàjiā shāngliang　　　모두에게 상의해요.

我想**跟**你说 "我爱你"。
Wǒ xiǎng gēn nǐ shuō "wǒ ài nǐ".
나는 당신에게 "당신을 사랑한다"고 말하고 싶어요.

直接**跟**我说就行。　　Zhíjiē gēn wǒ shuō jiù xíng.　　직접 저에게 말하면 돼요.

3 着의 용법

동태조사 '着'는 동사 뒤에 쓰여 동작이나 상태의 지속을 나타냅니다.

他穿**着**新衣服。	Tā chuān zhe xīn yīfu.	그는 새 옷을 입고 있어요.
门开**着**呢。	Mén kāi zhe ne.	문이 열려 있어요.
没关系, 我站**着**就好。	Méi guānxi, wǒ zhàn zhe jiù hǎo.	괜찮아요. 저는 서 있으면 돼요.

● **추가 단어**　　09-3

一起	yìqǐ	부 함께	门	mén	명 문
爱	ài	동 사랑하다	开	kāi	동 열다
直接	zhíjiē	형 직접적으로	没关系	Méi guānxi	괜찮아요

✳ 제시된 단어로 여러 가지 문장을 만들어보세요.

① 好久没跟你联系了。

오랫동안 당신과 연락을 못 했어요.

不见	오랜만입니다.
没跟你见面	오랫동안 뵙지 못했어요.
没来	오랫동안 오지 못했어요.

② 你吃得饱吗?

배불리 드셨어요?

过得好	잘 지내요?
考得好	시험 잘 봤어요?
说得快	말이 빠르신가요?

3 我**睡得很晚**。

나는 늦게 잤어요.

写得很快　　　　나는 글씨를 빨리 써요.

过得很好　　　　나는 잘 지내고 있어요.

玩儿得很高兴　　나는 아주 재미있게 놀았어요.

4 最近都**忙**着**工作**!

요즘 일하느라 바빠요!

做作业　　　　요즘 숙제하느라 바빠요!

写报告　　　　요즘 보고서 작성하느라 바빠요!

找工作　　　　요즘 일자리를 찾느라 바빠요!

● **추가 단어**　 09-5

做作业	zuò zuòyè	숙제하다
写报告	xiě bàogào	보고서를 작성하다
找工作	zhǎo gōngzuò	일자리를 찾다

✳ 녹음을 듣고 정확한 병음과 성조, 한자를 밑줄 위에 적어보세요.

① 진짜 오랫동안 연락이 없이 지냈네. (联系, 了, 好久, 没, 跟, 你)

병음: ____

한자: ____

② 요즘 잘 지내요? (你, 好, 最近, 过, 得, 吗)

병음: ____

한자: ____

③ 그럭저럭 지내요. 여전하죠 뭐. (老, 样子, 还好)

병음: ____

한자: ____

④ 당신은 어때요? 뭐가 그렇게 바쁘세요? (呢, 你, 什么, 呢, 都, 忙)

병음: ____

한자: ____

⑤ 요즘 일 때문에 바빠요. (最近, 着, 工作, 都, 忙)

병음: ____

한자: ____

⑥ 요즘 보고서 작성하느라 바빠요. (最近, 忙着, 写, 报告, 都)

병음: ____

한자: ____

연습문제 09-7

1 질문을 읽고 본문을 참고로 답하세요.

1) 질문: 你最近过得好吗?

정답: ______________________________

2) 질문: 你最近都忙什么呢?

정답: ______________________________

3) 질문: 你唱歌唱得好吗?

정답: ______________________________

4) 질문: 你汉语说得好吗?

정답: ______________________________

2 你~了没有? 를 써서 제시된 단어로 문장을 완성하세요.

1) 去书店 서점에 가다

정답: ______________________________

2) 回家 귀가하다

정답: ______________________________

3) 吃饭 밥을 먹다

정답: ______________________________

4) 跟他看电影 그와 영화를 보다

정답: ______________________________

3 제시된 단어로 **最近都忙着+V!** 형태의 문장을 완성하세요.

1) **学习** 공부하다

   정답: ________________________________

2) **找工作** 구직하다

   정답: ________________________________

3) **工作** 일하다

   정답: ________________________________

4) **写报告** 보고서를 쓰다

   정답: ________________________________

4 두 사람의 대화 내용을 듣고 괄호를 채우세요.

1) 남: (　　　　)没跟你(　　　　)了。

   여: 是啊!

2) 남: (　　　　)过得好吗?

   여: (　　　　)样子。

3) 남: (　　　　)都忙什么呢?

   여: 都忙着(　　　　)!

五十步笑百步

wǔshíbù xiào bǎibù

오십 보를 도망간 사람이 백 보를 도망간 사람을 비웃다

전쟁터에서 한 병사는 오십 보를 달아났고 다른 병사는 백 보를 도망쳤습니다.

오십 보를 도망친 병사가 백 보를 도망친 병사를 보고 겁쟁이라서 죽음을 두려워한다며 비웃었습니다. 그러나 이 두 사람은 모두 도망자로 오십 보를 도망친 병사는 백 보를 도망친 병사를 비웃을 자격이 없습니다. 이는 자아 성찰을 할 줄 모름을 비유한 말입니다.

现在是夏天了。

Xiànzài shì xiàtiān le.

이제 여름이 됐어요.

학습 중점

1. 어기조사 了 Ⅱ
2. 常常의 용법
3. 最好의 용법
4. 계절에 관한 표현

现在是夏天了，天气热了。
Xiànzài shì xiàtiān le, tiānqì rè le.

夏天天气很热。
Xiàtiān tiānqì hěn rè.

七、八月常常下雨。
Qī、 bā yuè chángcháng xiàyǔ.

你喜欢什么季节？
Nǐ xǐhuan shénme jìjié?

我喜欢秋天。
Wǒ xǐhuan qiūtiān.

秋天天气最好。
Qiūtiān tiānqì zuì hǎo.

이제 여름이 됐어요.

날씨가 더워졌어요.

여름 날씨는 정말 더워요.

7–8월은 자주 비가 내리죠.

당신은 어떤 계절을 좋아하세요?

저는 가을이 좋아요.

가을 날씨가 제일 좋죠.

단어 10-2

现在	xiànzài	명 지금
夏天	xiàtiān	명 여름
天气	tiānqì	명 날씨
热	rè	형 덥다
七	qī	수 숫자 7
八	bā	수 숫자 8
常常	chángcháng	부 자주
下雨	xiàyǔ	비가 오다
季节	jìjié	명 계절
最好	zuì hǎo	형 제일 좋다

실용어법

1 어기조사 了 Ⅱ

앞단원에서는 새로운 상황의 발생을 나타내는 어기조사 了에 대해 배웠습니다. 이번 단원에서는 문장 끝에 쓰여서 상황의 변화를 나타내는 어기조사 了에 대해 살펴보겠습니다.

我饿了。	Wǒ è le.	나 배고파졌어요.
天气热了。	Tiānqì rè le.	날씨가 더워졌어요.
现在是夏天了。	Xiànzài shì xiàtiān le.	이제 여름이 됐어요.

他以前是学生, 现在是老师了。
Tā yǐqián shì xuésheng, xiànzài shì lǎoshī le.
그는 예전엔 학생이었지만 지금은 선생이 됐어요.

2 常常의 용법

부사 常常은 '자주'라는 뜻으로 常으로도 쓸 수 있습니다. 부정을 나타낼 때는 不常이라고 해야지 不常常이라고는 하지 않습니다. 반복적인 습관을 말하기 때문에 了와 함께 쓰지 않습니다.

他常常迟到。	Tā chángcháng chídào.	그는 자주 지각을 해요.
他常请我吃饭。	Tā cháng qǐng wǒ chīfàn.	그는 자주 나에게 밥을 사요.
他不常看电视。	Tā bù cháng kàn diànshì.	그는 텔레비전을 잘 보지 않아요.

3 最好의 용법

부사 最는 정도가 극에 달했음을 나타냅니다. 最 + 형용사: 가장 ~하다 순서로 표현됩니다.

最大	zuì dà	가장 커요
最小	zuì xiǎo	가장 작아요
最多	zuì duō	가장 많아요
最早	zuì zǎo	가장 일찍
最便宜	zuì piányi	가장 싸요
最漂亮	zuì piàoliang	가장 예뻐요
最喜欢	zuì xǐhuan	가장 좋아해요
最干净	zuì gānjìng	가장 깨끗해요

[最好] 가장 좋아요

① 형용사

最好的学校	zuì hǎo de xuéxiào	가장 좋은 학교
最好的时光	zuì hǎo de shíguāng	가장 좋은 시절
秋天天气最好。	Qiūtiān tiānqì zuì hǎo.	가을 날씨가 가장 좋아요.

秋天是一年中天气最好的时期。
Qiūtiān shì yì nián zhōng tiānqì zuì hǎo de shíqī.
가을은 일 년 중 날씨가 가장 좋은 시기에요.

② 부사

最好别吃零食!
Zuì hǎo bié chī língshí!
군것질 음식은 안 먹는 게 가장 좋아요!

一次服用最好别超过三个。
Yí cì fúyòng zuì hǎo bié chāoguò sān ge.
한 번 복용에 3개를 안 넘는 게 가장 좋아요.

雾霾天气晨练也最好停一停。
Wùmái tiānqì chénliàn yě zuì hǎo tíng yi tíng.
미세먼지 날씨에는 아침 운동을 좀 쉬는 게 가장 좋아요.

春天 chūntiān 봄	夏天 xiàtiān 여름	秋天 qiūtiān 가을	冬天 dōngtiān 겨울
暖和 nuǎnhuo 따뜻하다	热 rè 덥다	凉快 liángkuai 시원하다	冷 lěng 춥다
花开了 huā kāi le 꽃이 피었다	闷热 mēnrè 후덥지근하다	红叶 hóngyè 단풍	下雪 xiàxuě 눈이 내리다
春暖花开 chūnnuǎn huākāi 봄은 따뜻하고 꽃이 피다	下雨 xiàyǔ 비 내리다	落叶 luòyè 낙엽	阴 yīn 흐리다
晴 qíng 맑다	下阵雨 xià zhènyǔ 소나기가 내리다	秋雨 qiūyǔ 가을비	阴天 yīntiān 흐린 날
晴天 qíngtiān 맑은 날	游泳 yóuyǒng 수영하다	刮风 guāfēng 바람이 분다	滑雪 huáxuě 스키 타다

● **추가 단어**  10-3

雾霾	wùmái	미세먼지	晨练	chénliàn	아침운동

✳ 제시된 단어로 여러 가지 문장을 만들어보세요.

① 现在是夏天了，天气热了。

이제 여름이 됐어요. 날씨가 더워졌어요.

春天	暖和	이제 봄이 됐어요. 날씨가 따뜻해졌어요.
秋天	凉快	이제 가을이 됐어요. 날씨가 시원해졌어요.
冬天	冷	이제 겨울이 됐어요. 날씨가 추워졌어요.

② 他常常迟到。

그는 자주 지각을 해요.

七、八月	下雨	7–8월에는 비가 자주 와요.
他	来	그는 자주 와요.
他	感到头疼	그는 자주 머리가 아파요.

3 你喜欢什么**季节**?

당신은 어떤 음악을 좋아하세요?

颜色	당신은 어떤 색깔을 좋아하세요?
款式	당신은 어떤 디자인을 좋아하세요?
音乐	당신은 어떤 음악을 좋아하세요?

4 这里的风景**最好**。

이곳의 풍경이 제일 좋아요.

秋天的天气	好	가을 날씨가 제일 좋아요.
首尔的夜景	漂亮	서울의 야경이 제일 예뻐요.
这家店的东西	便宜	이 가게의 물건이 가장 싸요.

● **추가 단어**  10-5

| 迟到 | chídào | 동 지각하다 | 夜景 | yèjǐng | 명 야경 |
| 款式 | kuǎnshì | 명 디자인, 스타일 | 东西 | dōngxi | 명 물건 |

✳ 녹음을 듣고 병음과 성조, 한자를 밑줄 위에 적어보세요.

1 이제 여름이 됐어요. 날씨가 더워졌어요. (现在, 了, 是, 夏天, 天气, 热, 了)

병음: ____

한자: ____

2 여름 날씨는 정말 더워요. (热, 夏天, 天气, 很)

병음: ____

한자: ____

3 7–8월은 자주 비가 내리죠. (月, 常常, 七, 八, 下雨)

병음: ____

한자: ____

4 당신은 어떤 계절을 좋아하세요? (喜欢, 什么, 你, 季节)

병음: ____

한자: ____

5 저는 가을이 좋아요. (秋天, 我, 喜欢)

병음: ____

한자: ____

6 가을 날씨가 제일 좋죠. (最, 秋天, 天气, 好)

병음: ____

한자: ____

연습문제  10-7

1 계절과 계절 날씨에 대해 설명하세요.

> **보기**
>
> 春天 봄
> 春天天气很暖和。 봄 날씨는 아주 따뜻합니다.

1) 夏天   정답 : _______________________________________

2) 秋天   정답 : _______________________________________

3) 冬天   정답 : _______________________________________

2 그림을 보고 문장을 완성하세요.

1) 夏天常常__________。

2) __________常常下雪。

3) 现在_______了，天气_______了。

3 주어진 단어를 이용하여 문장을 완성하세요.

1) **常常** 자주　　**出差** 출장 가다

   그는 자주 출장 가요.　　　　　　　　정답 : ________________

2) **最好** 가장 좋다　　**是** ～이다

   당신이 최고예요!　　　　　　　　　　정답 : ________________

3) **闷热** 후덥지근하다　　**凉快** 시원하다

   여름은 후덥지근하고 가을은 시원하다.　정답 : ________________

4 두 사람의 대화 내용을 듣고 질문에 답하세요.

1) 질문: **女的不喜欢什么?**　　정답 : ________________

2) 질문: **夏天天气怎么样?**　　정답 : ________________

3) 질문: **女的喜欢什么季节?**　　정답 : ________________

4) 질문: **现在他做什么工作?**　　정답 : ________________

蓝田生玉

lántiánshēngyù

훌륭한 가문에 훌륭한 자식이 태어난다

남전은 산시 성 남전 현 동남부에 있는 곳인데 예부터 이곳은 아름다운 옥이 나는 것으로 유명했습니다. 후세에는 蓝田生玉라는 성어를 통해 명문가에 현명한 사람이 나옴을 비유하고 있습니다.

中国我去过两次。

Zhōngguó wǒ qù guo liǎng cì.

중국을 저는 두 번 가 봤어요.

학습 중점

1. 동태조사 过
2. 동량사
3. 到의 용법

你去过中国吗？

Nǐ qù guo Zhōngguó ma?

中国我去过两次。

Zhōngguó wǒ qù guo liǎng cì.

明年我也想到中国去旅行。

Míngnián wǒ yě xiǎng dào Zhōngguó qù lǚxíng.

什么时候去最好？

Shénme shíhòu qù zuì hǎo?

六月到十月的天气不错，

Liù yuè dào shí yuè de tiānqì búcuò.

你应该那个时候去。

Nǐ yīnggāi nàge shíhou qù.

 중국 가본 적 있어요?

 중국에 저는 두 번 가 봤어요.

 내년에는 저도 중국으로 여행을 가고 싶어요.

언제 가는 게 가장 좋을까요?

 6월부터 10월까지 날씨가 좋잖아요,

그때 가셔야 해요.

11-2

단어			
过	guo	조	~해 본 적 있다(경험을 표시)
次	cì	양	번
明年	míngnián	명	내년
也	yě	부	~도
旅行	lǚxíng	명	여행
什么时候	shénme shíhou		언제
六月	liù yuè	명	6월
十月	shí yuè	명	10월
天气	tiānqì	명	날씨
不错	búcuò	형	괜찮다
应该	yīnggāi	부	마땅히 ~해야 한다
那个	nàge	대	그, 저
时候	shíhou	명	때

실용어법

1 동태조사 过

동태조사 过는 동사 뒤에서 경험이나 동작의 완료를 나타냅니다.
V+过는 '~한 적 있다'라는 뜻을 갖는데 이때 过는 경성으로 읽습니다.

1) 긍정형 : 주어 + 동사 + 过 + (목적어)

我看过这部电影。　　　　Wǒ kàn guo zhè bù diànyǐng.　　　저는 이 영화를 본 적 있어요.

목적어를 강조하고 싶다면 위치를 바꿔도 돼요.

这部电影我看过。　　　　Zhè bù diànyǐng wǒ kàn guo.　　　이 영화를 저는 본 적 있어요.

我吃过中国菜。　　　　　Wǒ chī guo Zhōngguó cài.　　　나는 중국 요리를 먹어 본 적 있어요.

中国菜我吃过。　　　　　Zhōngguó cài wǒ chī guo.　　　중국 요리를 저는 먹어 본 적 있어요.

2) 부정형 : 주어 + 没(有) + 동사 + 过 + (목적어)

我没有看过这部电影。
Wǒ méiyǒu kàn guo zhè bù diànyǐng.
저는 이 영화를 본 적 없어요.

这部电影我没有看过。
Zhè bù diànyǐng wǒ méiyǒu kàn guo.
이 영화를 저는 본 적 없어요.

我没有吃过中国菜。
Wǒ méiyǒu chī guo Zhōngguó cài.
저는 중국요리를 먹어본 적 없어요.

中国菜我没有吃过。
Zhōngguó cài wǒ méiyǒu chī guo.
중국요리를 저는 먹어본 적 없어요.

3) 의문형 : 주어 + 동사 + 过 (+ 목적어) + 吗?
　　　　　주어 + 동사 + 过 (+ 목적어) + 没有?

你看过这部电影吗?	Nǐ kàn guo zhè bù diànyǐng ma?	당신은 이 영화를 본 적 있어요?
这部电影你看过吗?	Zhè bù diànyǐng nǐ kàn guo ma?	이 영화를 당신은 본 적이 있어요?
你吃过中国菜没有?	Nǐ chī guo Zhōngguó cài méiyǒu?	당신은 중국 요리를 먹어본 적 있어요?
中国菜你吃过没有?	Zhōngguó cài nǐ chī guo méiyǒu?	중국 요리를 당신은 먹어본 적 있어요?

2 동량사

동량사는 수사와 결합해 동사 뒤에서 동작의 회수를 나타내는 것을 말하는데 次, 遍과 回는 모두 동작 또는 변화의 횟수를 나타내는 동량사입니다.

1) 次 : 동작의 횟수를 나타내며 일반적으로 반복해서 일어나는 일에 사용합니다.

去年我参加过一次。	Qùnián wǒ cānjiā guo yí cì.	지난해 저는 한 번 참가했어요.
这里我们来过几次。	Zhèli wǒmen lái guo jǐ cì.	이곳에 우리는 몇 번 와본 적 있어요.
这部电影我看了好几次。	Zhè bù diànyǐng wǒ kàn le hǎo jǐ cì.	이 영화를 저는 여러 번 봤어요.

2) 遍 : 한 동작이 시작해서 끝날 때까지의 전체 과정을 나타냅니다.

请再说一遍。　　　　　Qǐng zài shuō yí biàn.　　　　　다시 한 번 말씀해 주세요.

这本书我一共看了三遍。
Zhè běn shū wǒ yígòng kàn le sān biàn.
저는 이 책을 모두 세 번이나 봤어요.

我把课本从头到尾看了一遍。
Wǒ bǎ kèběn cóngtóudàowěi kàn le yí biàn.
저는 교과서를 처음부터 끝까지 한 번 봤어요.

3) 回 : 回도 次와 마찬가지로 반복해서 일어날 수 있는 동사와 함께 사용되는데, 次보다 훨씬 더 구어의 색채가 강합니다.

中国我去过三回。　　Zhōngguó wǒ qù guo sān huí.　　중국을 저는 세 번 가봤어요.

4) 기타 동량사: 顿(dùn)은 식사, 질책, 구타 등의 동작의 횟수를 표현할 때 사용합니다.

我一天吃三顿饭。　　Wǒ yì tiān chī sān dùn fàn.　　저는 하루에 세 끼를 먹어요.

我被爸爸骂了一顿。　　Wǒ bèi bàba mà le yí dùn.　　저는 아버지한테 야단을 맞았어요.

3 到의 용법

1) 到 + 장소 + 去에서 到는 개사로 '∼로', '∼까지'의 뜻을 갖습니다.

到中国去　　dào Zhōngguó qù　　중국으로 가요.

到超市去　　dào chāoshì qù　　슈퍼마켓으로 가요.

2) 六月到十月는 从六月到十月의 줄임말로 从∼到∼ '∼부터 ∼까지'로 시간 · 공간상의 출발점에서 도달점까지를 나타냅니다.

(从)十二点到两点是午饭时间。
(Cóng) shí'èr diǎn dào liǎng diǎn shì wǔfàn shíjiān.
12시부터 2시까지는 점심시간이에요.

(从)我家到学校很远。
(Cóng) wǒ jiā dào xuéxiào hěn yuǎn.
우리 집에서 학교까지는 아주 멀어요.

● 추가 단어　　11-3

参加	cānjiā	동 참가하다		被	bèi	동 ∼에게 …를 당하다
课本	kèběn	명 교과서		骂	mà	동 욕하다
从头到尾	cóngtóudàowěi	처음부터 끝까지				

✳ 제시된 단어로 여러 가지 문장을 만들어보세요.

1 我去过法国。

저는 프랑스에 가본 적 있어요.

吃	意大利面	저는 스파게티를 먹어 본 적 있어요.
吃	中国菜	저는 중국 요리를 먹어 본 적 있어요.
看	这部电影	저는 이 영화를 본 적 있어요.

2 我也想到中国去旅行。

저도 중국에 여행을 가고 싶어요.

留学	저도 중국에 유학을 가고 싶어요.
教书	저도 중국에서 교편을 잡고 싶어요.
发展	저도 중국에 가서 기반을 잡고 싶어요.

③ **什么时候喝最好?**

언제 마시면 제일 좋아요?

买	언제 사면 제일 좋아요?
吃	언제 먹으면 제일 좋아요?
去	언제 가면 제일 좋아요?

④ **六月到十月天气不错。**

6월부터 10월까지는 날씨가 좋아요.

邮局	宿舍	很远	우체국에서 기숙사까지는 몹시 멀어요.
两点	三点	很忙	2시부터 3시 사이는 몹시 바빠요.
两点	四点	天气很热	2시부터 4시 사이는 날씨가 몹시 더워요.

● 추가 단어  11-5

意大利面	Yìdàlìimiàn	명	스파게티
教书	jiāoshū	동	학생을 가르치다
发展	fāzhǎn	동	발전하다

✳ 녹음을 듣고 병음과 성조, 한자를 밑줄 위에 적어보세요.

1 중국 가본 적 있어요? (你, 去, 吗, 过, 中国)

병음: ______________________________________

한자: ______________________________________

2 중국에 저는 두 번 가 봤어요. (过, 两, 次, 中国, 我, 去)

병음: ______________________________________

한자: ______________________________________

3 내년에 저도 중국으로 여행을 가고 싶어요. (也, 想, 到, 明年, 我, 中国, 去, 旅行)

병음: ______________________________________

한자: ______________________________________

4 언제 가는 게 가장 좋을까요? (什么, 好, 时候, 去, 最)

병음: ______________________________________

한자: ______________________________________

5 6월부터 10월까지는 날씨가 좋잖아요. (的, 天气, 不错, 六, 月, 到, 十, 月)

병음: ______________________________________

한자: ______________________________________

6 그때 가셔야 해요. (你, 那, 个, 时候, 应该, 去)

병음: ______________________________________

한자: ______________________________________

연습문제 11-7

1 두 사람의 대화 내용을 듣고 질문에 답하세요.

1) 질문: 女的去过几次中国?　　　정답 : _______________________

2) 질문: 女的吃过什么?　　　정답 : _______________________

3) 질문: 什么时候去中国最好?　　　정답 : _______________________

4) 질문: 男的明年想到哪儿去旅行?　　　정답 : _______________________

2 보기를 참고하여 문장을 완성하세요.

> **보기**
>
> 过　～한 적이 있다　　　印度菜　인도요리
>
> 저는 인도 요리를 먹어 본 적 있어요.　　　我吃过印度菜。

1) 没有~过　～한 적이 없다　　非洲菜　아프리카 음식

　　저는 아프리카 음식을 먹어본 적이 없어요.

　　정답 : _______________________

2) 过　～한 적이 있다　　吗　의문조사

　　당신은 저 사람을 본 적이 있나요?

　　정답 : _______________________

3) 次　동작 또는 변화의 횟수를 나타내는 동량사

　　인도를 저는 두 번 가봤어요.

　　정답 : _______________________

*印度菜　Yìndù cài　인도요리　　　非洲菜　Fēizhōu cài　아프리카 음식

3 주어진 단어를 이용하여 문장을 완성하세요.

1) 당신은 중국에 가본 적 있습니까? 去过 / 中国

정답: ____

2) 프랑스 요리를 먹어본 적 있습니까? 吃过 / 法国菜

정답: ____

3) 6월부터 10월까지는 날씨가 좋습니다. 到 / 天气 / 不错

정답: ____

4) 12시부터 2시까지는 점심시간입니다. 到 / 午饭时间

정답: ____

5) 나도 중국에 여행을 가고 싶습니다. 也 / 想 / 到~去 / 旅行

정답: ____

乐此不疲

lècǐbùpí

자신이 좋아하는 일을 하면 피로하고 싫증을 느낄 줄 모른다

한나라 광무제는 육십 고령인데도 나랏일을 하느라 매일 늦게 잠을 잤다고 합니다. 그의 아들이 아버지의 건강이 걱정되어 건강을 돌보라고 권고하자, 광무제는 웃으면서 아들에게 "정사를 돌보는 것은 내가 좋아하는 일이라, 피로하거나 싫증을 느끼지 못한다."고 말했다고 합니다. 乐此不疲는 자신이 좋아하는 일을 하면 피로하고 싫증을 느낄 줄 모르는 것을 말합니다.

我最喜欢喝茉莉花茶。

Wǒ zuì xǐhuan hē mòlìhuā chá.

저는 재스민차를 마시는 것을 가장 좋아합니다.

학습 중점

1. 特别의 용법
2. 每의 용법
3. 연동문 Ⅱ

회화연습  12-1

你们平时喜欢做什么？

Nǐmen píngshí xǐhuan zuò shénme?

喜欢和朋友聊天、也喜欢爬山。

Xǐhuan hé péngyou liáotiān, yě xǐhuan páshān.

我喜欢喝茶,特别喜欢喝茉莉花茶。你呢？

Wǒ xǐhuan hē chá, tèbié xǐhuan hē mòlìhuā chá. Nǐ ne?

我每天下班回家都看电视。

Wǒ měitiān xiàbān huíjiā dōu kàn diànshì.

平时在家很喜欢上网。

Píngshí zài jiā hěn xǐhuan shàngwǎng.

 너희들은 평소에 뭐 하는 거 좋아해?

 친구하고 수다 떠는 거 좋아하고 등산하는 것도 좋아해.

 난 차 마시는 것을 좋아해.

특히 재스민차 마시는 것을 아주 좋아해. 너는?

 난 매일 퇴근하고 집에 오면 텔레비전을 봐.

평소에는 집에서 인터넷도 즐겨 하고.

단어 · 12-2

平时	píngshí	명 평소
做	zuò	동 하다
和	hé	접 ~와
聊天	liáotiān	이야기하다, 수다 떨다
爬山	páshān	동 등산하다
喝	hē	동 마시다
茶	chá	명 차
茉莉花茶	mòlìhuā chá	명 재스민 차
每天	měitiān	명 매일
下班	xiàbān	동 퇴근하다
回家	huíjiā	동 귀가하다
看	kàn	명 보다
电视	diànshì	동 텔레비전
上网	shàngwǎng	동 인터넷 하다

실용어법

1 特别의 용법

(1) 형용사 '특별하다'

他的声音**特别**大。
Tā de shēngyīn tèbié dà.
그의 목소리는 매우 커요.

他是一个**特别**聪明的孩子。
Tā shì yí ge tèbié cōngming de háizi.
그는 굉장히 똑똑한 아이예요.

这有什么**特别**的象征意义?
Zhè yǒu shénme tèbié de xiàngzhēng yìyì?
이것에는 어떤 특별한 상징적 의미가 있나요?

(2) 부사 '특히', '특별히'

开车要**特别**小心。
Kāichē yào tèbié xiǎoxīn.
운전할 때는 특별히 조심해야 해요.

天气变得**特别**热。
Tiānqì biàn de tèbié rè.
날씨가 매우 덥게 변했어요.

感到**特别**欣慰。
Gǎndào tèbié xīnwèi.
매우 기쁘고 안심됨을 느꼈어요.

2 每의 용법

每는 대명사로 '각', '~마다'의 뜻을 갖습니다.

(1) 대명사 每는 天 '일', 年 '해' 등의 명사와 결합할 수 있습니다.

他**每天**早上八点起床。
Tā **měitiān** zǎoshang bā diǎn qǐchuáng.
그는 매일 아침 8시에 일어나요.

每年夏天我都去中国。
Měinián xiàtiān wǒ dōu qù Zhōngguó.
매년 여름마다 나는 중국에 가요.

(2) 대명사 每가 명사를 수식할 때 每와 명사 사이에는 양사를 넣어야 합니다.

每个人都明白了。
Měi ge rén dōu míngbai le.
모든 사람이 다 이해했어요.

每件衣服都很贵。
Měi jiàn yīfu dōu hěn guì.
모든 옷이 다 비싸요.

술어에 두 개 이상의 동사가 계속해서 같은 주어를 설명하는 문장을 연동문이라고 합니다.

(1) 연달아 나오는 동사의 순서는 사건이 발생하는 순서에 따릅니다.

明天他去中国旅行。

Míngtiān tā qù Zhōngguó lǚxíng.

내일 그는 중국으로 여행을 떠나요.

学生去操场玩耍。

Xuésheng qù cāochǎng wánshuǎ.

학생이 운동장에 가서 놀아요.

(2) 첫 번째 동사가 두 번째 동사의 수단이나 방법이 될 수 있습니다.

我们①用汉语②谈话。

Wǒmen yòng Hànyǔ tánhuà.

우리는 중국어로 대화해요.

她每天①开车②上班。

Tā měitiān kāichē shàngbān.

그녀는 매일 차를 몰고 출근해요.

● **추가 단어**  12-3

声音	shēngyīn	명	목소리	开车	kāichē	동 운전하다
聪明	cōngming	형	똑똑하다	欣慰	xīnwèi	형 기쁘고 안심이 되다
象征	xiàngzhēng	동	상징하다	操场	cāochǎng	명 운동장
意义	yìyì	명	의의	玩耍	wánshuǎ	동 놀다, 장난치다

✳ 제시된 단어로 여러 가지 문장을 만들어보세요.

(1) 你们平时喜欢吃什么?

너희들은 평소 뭐 먹는 거 좋아해?

做	너희들은 평소 뭐 하는 거 좋아해?
看	너희들은 평소 뭐 보는 거 좋아해?
听	너희들은 평소 뭐 듣는 거 좋아해?

(2) 我喜欢看书, 也喜欢听音乐。

나는 책을 읽는 것 좋아하고 음악 듣는 것도 좋아해.

旅行	画画儿	나는 여행하는 것 좋아하고 그림 그리는 것도 좋아해.
锻炼	打球	나는 운동하는 거 좋아하고 공놀이하는 것도 좋아해.
和朋友聊天	爬山	나는 친구와 수다 떠는 거 좋아하고 등산도 좋아해.

3 我特别喜欢**踢足球**。

나는 공놀이 하는 것을 굉장히 좋아해.

喝酒	나는 술 마시는 것을 굉장히 좋아해.
喝茉莉花茶	나는 재스민차 마시는 것을 굉장히 좋아해.
玩游戏	나는 게임을 하는 것을 굉장히 좋아해.

4 平时很喜欢**跑步**。

평소에는 달리기하는 것 좋아해.

看足球比赛	평소에는 축구 경기 보는 것 좋아해.
上网	평소에는 인터넷 하는 것 좋아해.
吃蛋糕	평소에는 케이크 먹는 것 좋아해.

● **추가 단어**  12-5

画画儿	huà huàr	그림 그리다	**玩游戏**	wán yóuxì	게임을 하다
锻炼	duànliàn	통 단련하다	**蛋糕**	dàngāo	명 케이크

✳ 녹음을 듣고 병음과 성조, 한자를 밑줄 위에 적어보세요.

1 너희들은 평소에 뭐 하는 거 좋아해? (做, 什么, 你们, 平时, 喜欢)

병음: ____

한자: ____

2 친구하고 수다 떠는 거 좋아하고 등산하는 것도 좋아해. (喜欢, 爬山, 和, 朋友, 聊天, 也, 喜欢)

병음: ____

한자: ____

3 난 차 마시는 것 좋아해. (我, 茶, 喜欢, 喝)

병음: ____

한자: ____

4 특히 재스민차 마시는 것을 아주 좋아해. 너는? (特别, 茶, 你, 呢, 喜欢, 喝, 茉莉花)

병음: ____

한자: ____

5 난 매일 퇴근하고 집에 오면 텔레비전을 봐. (我, 下班, 回家, 都, 每天, 看, 电视)

병음: ____

한자: ____

6 평소에는 집에서 인터넷도 즐겨 하고. (平时, 在, 上网, 家, 很, 喜欢)

병음: ____

한자: ____

연습문제  12-7

＊1, 2번 문제를 풀 때 아래의 보기를 참고하세요.

和朋友聊天　친구와 수다 떨다	爬山　등산하다
旅行　여행하다	画画儿　그림 그리다
锻炼　운동하다	打球　공놀이하다
看书　독서하다	听音乐　음악 듣다
上网　인터넷 하다	看足球比赛　축구 경기를 보다
跑步　달리기하다	吃蛋糕　케이크를 먹다
唱歌　노래하다	

1 보기를 참고하여 문장을 완성하세요.

她喜欢看书。
그녀는 책 읽는 것을 좋아해요.

1)

정답 : ___________________________

2)

정답 : ___________________________

3)

정답 : ______________________________

4)

정답 : ______________________________

2 주어진 단어와 표현을 가지고 본인이 평소에 좋아하는 것을 이야기해 보세요.

我平时喜欢 ____________________________ 。

저는 평소에 ~하는 것을 좋아합니다.

3 녹음을 듣고 질문에 답하세요.

1) 질문: **女的平时喜欢什么?**

정답: ______________________________

2) 질문: **女的最喜欢什么茶?**

정답: ______________________________

3) 질문: **男的每天下班回家做什么?**

정답: ______________________________

4) 질문: **女的平时在家很喜欢做什么?**

정답: ______________________________

朝三暮四

zhāosānmùsì

교묘한 수단으로 다른 사람을 속이다

원숭이를 기르는 사람이 원숭이에게 "앞으로 너희들에게 도토리를 줄 때 아침에는 세 개, 저녁에는 네 개를 줘도 괜찮겠지?"라고 말했습니다. 원숭이는 이 말을 듣고 굉장히 화를 냈습니다. 그는 또 말했습니다. "그럼 아침에 네 개를 주고 저녁에는 세 개를 주는 것은 어떠니?" 원숭이는 아침에 한 개를 더 먹을 수 있다는 말을 듣고는 굉장히 좋아했습니다.

朝三暮四는 교묘한 수단으로 다른 사람을 속인다는 의미가 있습니다.

문형연습, 받아쓰기 &
연습문제 **정답**

你住在哪儿?

Nǐ zhù zài nǎr?
어디 사세요?

1. Wǒ zhù zài xuéxiào sùshè.
   Wǒ zhù zài Shǒu'ěr.
   Wǒ zhù zài Běijīng.
   Wǒ zhù zài xuéxiào fùjìn.

2. Wǒ sòng nǐ huíqù ba!
   Wǒ sòng nǐ huíjiā ba!
   Wǒ sòng nǐ zǒu ba!
   Wǒ sòng nǐ chūqu ba!

3. Búyòng shuō le!
   Búyòng kèqì le!
   Búyòng kàn le!
   Búyòng kǎoshì le!

4. Wǒmen shì péngyou ma!
   Bù hǎokàn ma!
   Xiǎo háizi ma!
   Zhè bú shì kāi wánxiào ma!

1. 병음: Nǐ zhù zài nǎr?
   한자: 你住在哪儿?
2. 병음: Wǒ sòng nǐ huíqù ba.
   한자: 我送你回去吧。
3. 병음: Búyòng le!
   한자: 不用了!
4. 병음: Búyòng kèqì le!
   한자: 不用客气了!
5. 병음: Wǒmen shì péngyou ma!
   한자: 我们是朋友嘛!
6. 병음: Wǒ zhù zài xuéxiào sùshè.
   한자: 我住在学校宿舍。

1. 1) 你送她回家吧!   2) 你是我弟弟嘛!
   3) 不用学习了!

2. 1) 朋友嘛   2) 回去吧
   3) 学校宿舍   4) 吃饭吧

3. 1) 我们去书店吧!   우리 서점에 갑시다!
   2) 我们看电影吧!   우리 영화 봅시다!
   3) 我们吃饭吧!   우리 밥 먹어요!
   4) 我们学习汉语吧!   우리 중국어 공부해요!

你有汽车没有?

Nǐ yǒu qìchē méiyǒu?
자동차 있어요?

1. Nǐ yǒu bǐ méiyǒu?
   Nǐ yǒu qìchē méiyǒu?
   Nǐ yǒu Yīngwén shū méiyǒu?
   Nǐ yǒu Zhōngwén shū méiyǒu?

2. Nǐ yào bu yào jiè shū?
   Nǐ yào bu yào huíjiā?
   Nǐ yào bu yào mǎi chē?
   Nǐ yào bu yào mǎi fángzi?

3. Nǐ xǐhuan nǎ yì kuǎn chē?
   Nǐ xǐhuan shénme chē?
   Nǐ xǐhuan nǎ guó chē?
   Nǐ xǐhuan nǎ ge chē?

4. Wǒ xǐhuan kàn shū.
   Wǒ xǐhuan xuéxí.
   Wǒ xǐhuan tā mèimei.
   Wǒ xǐhuan wǒ bàba.

받아쓰기 p.33

1. 병음: Nǐ yǒu qìchē méiyǒu?
   한자: 你有汽车没有?

2. 병음: Wǒ méiyǒu chē.
   한자: 我没有车。

3. 병음: Nǐ yào bu yào mǎi chē?
   한자: 你要不要买车?

4. 병음: Wǒ yào mǎi.
   한자: 我要买。

5. 병음: Nǐ xǐhuan nǎ guó chē?
   한자: 你喜欢哪国车?

6. 병음: Wǒ dōu xǐhuan.
   한자: 我都喜欢。

연습문제 p.34

1. 1) 녹음대본
      女 : 你有汽车没有?
      男 : 我没有汽车。
      질문: 남자는 자동차가 있습니까?
      정답: 他没有汽车。　그는 자동차가 없습니다.

   2) 녹음대본
      女 : 你要不要买车?
      男 : 我要买。
      질문: 남자는 자동차를 사려 합니까?
      정답: 他要买车。　그는 자동차를 사려합니다.

   3) 녹음대본
      女 : 你喜欢什么车?
      男 : 我都喜欢。
      질문: 남자는 어떤 자동차를 좋아합니까?
      정답: 他都喜欢。　그는 다 좋아합니다.

2. 1) 他要买房子。　그는 집을 사려 합니다.
   2) 她要买德国汽车。
      그녀는 독일 자동차를 사려 합니다.
   3) 她喜欢看书。　그녀는 독서를 좋아합니다.
   4) 他喜欢看电视。　그는 TV를 즐겨 봅니다.

3. 1) 질문: 그는 무엇을 보나요?
      정답: 他看中文书。　그는 중국어책을 봅니다.
   2) 질문: 그는 자동차가 있습니까?
      정답: 他有汽车。　그는 자동차가 있습니다.

UNIT 3

一共多少钱?

Yígòng duōshao qián?
모두 얼마죠?

문형연습 p.43

1. Nín yào tīng shénme?
   Nín yào kàn shénme?
   Nín yào zuò shénme?
   Nín yào mǎi shénme?

2. Wǒ yào liǎng ge hànbǎo, liǎng bēi kělè.
   Wǒ yào liǎng bēi kāfēi, liǎng ge sānmíngzhì.
   Wǒ yào liǎng běn Yīngwén shū, liǎng běn Hànyǔ shū.
   Wǒ yào liǎng tái diànnǎo, liǎng běn zázhì.

3. Nín yào cháng de háishì duǎn de?
   Nín yào dà de háishì xiǎo de?
   Nín yào xiǎobēi háishì zhōngbēi?
   Nín yào wǒ de háishì tā de?

4. Yígòng shíbā kuài.
   Yígòng èrshísān kuài wǔ.
   Yígòng wǔ kuài.
   Yígòng bā kuài bā.

받아쓰기 p.45

1. 병음: Xiānsheng, nín yào mǎi shénme?
   한자: 先生, 您要买什么?

2. 병음: Wǒ yào liǎng ge hànbǎo, liǎng bēi kělè.
   한자: 我要两个汉堡, 两杯可乐。

3. 병음: Nín yào xiǎobēi háishì zhōngbēi?
   한자: 您要小杯还是中杯?

4. 병음: Wǒ yào zhōngbēi.

   한자: 我要中杯。

5. 병음: Yígòng duōshao qián?

   한자: 一共多少钱?

6. 병음: Hànbǎo yí ge sì kuài wǔ, kělè yì bēi sì
        kuài wǔ, yígòng shíbā kuài.

   한자: 汉堡一个四块五，可乐一杯四块五，一共十八块。

1. 1) 我们班有多少（个）学生？
      우리 반에는 학생이 몇 명인가요?

   2) 这本书多少钱?
      이 책은 얼마인가요?

   3) 我有多少钱?
      저는 돈을 얼마나 가지고 있을까요?

   4) 一个汉堡多少钱?　　햄버거 한 개에 얼마입니까?

   5) 一共多少钱?　　　　모두 얼마입니까?

2. 1) 九块钱。
      질문: 저는 햄버거를 사려 합니다.
      햄버거 하나에 4.5위안이면, 햄버거 두 개는 모두
      얼마입니까?

   2) 十七块五。
      질문: 여기에는 두 권의 책이 있습니다.
      한 권은 14.5위안이고, 한 권은 3위안입니다. 책
      두 권은 모두 얼마입니까?

   3) 九块。
      질문: 저는 커피를 사려 합니다.
      커피 한 잔에 3위안인데, 세 잔을 사려면 모두 얼
      마입니까?

3. 1) 三支铅笔　　　　　2) 两台汽车

   3) 五个人　　　　　　4) 一杯咖啡

   5) 七瓶啤酒

UNIT 4

你们公司在哪里?

Nǐmen gōngsī zài nǎli?
회사는 어디에 있나요?

1. Xǐshǒujiān zài nǎli?
   Nǐ fùmǔ zài nǎli?
   Lǎoshī zài nǎli?
   Shū zài nǎli?

2. Shū zài zhuōzi shang.
   Tāmen zài Rìběn.
   Tā zài kètīng.
   Xǐshǒujiān zài nàli.

3. Wǒ zài kètīng li xiūxi.
   Wǒ zài dàxué niànshū.
   Wǒ zài jiànzhù dānwèi gōngzuò.
   Wǒ zài Měiguó liúxué.

4. Jiàoshì dà bu dà?
   Tā piào(liang) bu piàoliang?
   Nǐ dìdi gāo bu gāo?
   Zhíyuán duō bu duō?

1. 병음: Nǐ zài shénme dānwèi gōngzuò?
   한자: 你在什么单位工作?

2. 병음: Wǒ zài jiànzhù dānwèi gōngzuò.
   한자: 我在建筑单位工作。

3. 병음: Nǐmen gōngsī zài nǎli?
   한자: 你们公司在哪里?

4. 병음: Zài Guānghuàmén.
   한자: 在光化门。

5. 병음: Zhíyuán duō bu duō?
   한자: 职员多不多?

6. 병음: Hěn duō, dàyuē yǒu liǎng qiān míng
        zhíyuán.

   한자: 很多，大约有两千名职员。

1. 1) 一百二十三　　　yì bǎi èrshísān

   2) 一百零二　　　　yì bǎi líng èr

   3) 一百二（十）　　yì bǎi èr(shí)

4) 一千零三十四　　　yì qiān líng sānshísì
5) 两千三百零二　　　liǎng qiān sān bǎi líng èr
6) 九千八百二十三　　jiǔ qiān bā bǎi èrshísān

2. 녹음대본

女 : 你在什么单位工作?
男 : 我在建筑单位工作。
女 : 你们公司在哪里?
男 : 在光化门。
女 : 职员多不多?
男 : 很多，大约有两千名职员。

1) 질문: 그는 어떤 회사에서 일합니까?
   정답: 他在建筑单位工作。
   그는 건축회사에서 일합니다.
2) 질문: 그의 회사는 어디 있습니까?
   정답: 他公司在光化门。
   그의 회사는 광화문에 있습니다.
3) 질문: 그들 회사의 직원은 많습니까?
   정답: 他们公司职员很多。
   그들의 회사에는 직원이 아주 많습니다.
4) 질문: 그들의 회사에는 직원이 얼마나 있습니까?
   정답: 他们公司大约有两千名职员。
   그들의 회사에는 대략 2000명의 직원이 있습니다.

3. 1) 房间里有三个人。
      방안에는 세 사람이 있습니다.
   2) 他们在看电视。
      그들은 텔레비전을 보고 있습니다.

UNIT 5

我家离超市很近。

Wǒ jiā lí chāoshì hěn jìn.
우리 집은 슈퍼마켓에서 가깝습니다.

문형연습　p.67

1. Fùjìn yǒu shūdiàn ma?
   Fùjìn yǒu xiǎoxué ma?
   Fùjìn yǒu yínháng ma?
   Fùjìn yǒu chāoshì ma?

2. Nǎr yǒu bàozhǐ?
   Lóu shàng yǒu jǐ ge fángjiān?
   Zhuōzi shàng yǒu jǐ ge bēizi?
   Xuéxiào fùjìn yǒu shénme?

3. Zhuōzi shang yǒu yí ge bēizi.
   Lóu shàng yǒu sān ge fángjiān.
   Túshūguǎn lǐ yǒu bàozhǐ.
   Xuéxiào fùjìn yǒu hěn duō shāngdiàn.

4. Wǒ jiā lí tā jiā bú jìn.
   Hánguó lí Měiguó hěn yuǎn.
   Wǒ jiā lí chāoshì hěn jìn.
   Túshūguǎn lí sùshè hěn jìn.

받아쓰기　p.69

1. 병음: Nǐ jiā miànjī yǒu duō dà?
   한자: 你家面积有多大?
2. 병음: Yǒu yì bǎi líng wǔ píngmǐ.
   한자: 有一百零五平米。
3. 병음: Yí gòng yǒu jǐ ge fángjiān?
   한자: 一共有几个房间?
4. 병음: Yǒu sān ge fángjiān, dōu hěn dà.
   한자: 有三个房间，都很大。
5. 병음: Fùjìn yǒu chāoshì ma?
   한자: 附近有超市吗?
6. 병음: Wǒ jiā lí chāoshì hěn jìn.
   한자: 我家离超市很近。

연습문제　p.70

1. 1) 书店离我家有200米。
      서점은 우리 집에서 200미터 떨어져 있습니다.
   2) 我家离超市有75米。
      우리 집은 슈퍼마켓에서 75미터 떨어져 있습니다.
   3) 宿舍离图书馆有100米。
      기숙사는 도서관에서 100미터 떨어져 있습니다.

2. 1) 대본 및 정답: 韩国离中国很近。
                 (한국과 중국은 가깝습니다.)
      질문: 한국과 중국은 멉니까?

2) 대본 및 정답: **我家离学校很近。**
   (우리 집은 학교에서 가깝습니다.)
   질문: 우리 집은 학교에서 가깝습니까?

3) 대본 및 정답: **超市离他家很近。**
   (슈퍼마켓은 그의 집에서 가깝습니다.)
   질문: 슈퍼마켓은 그의 집에서 멉니까?

4) 대본 및 정답: **图书馆离宿舍很近。**
   (도서관은 기숙사에서 가깝습니다.)
   질문: 도서관은 기숙사에서 멉니까?

3. 1) 你家面积有多大?

   2) 房间一共有几个? / 一共有几个房间?

   3) 有三个房间，都很大。

   4) 我家离超市很近。

UNIT 6

邮局怎么走？

Yóujú zěnme zǒu?
우체국 어떻게 갑니까?

1. Yīyuàn zěnme zǒu?
   Yínháng zěnme zǒu?
   Yóujú zěnme zǒu?
   Diànyǐngyuàn zěnme zǒu?

2. Nín cóng zhèr yòu guǎi.
   Nín cóng zhèr zuǒ guǎi.
   Nín cóng zhèr zhí zǒu.
   Nín cóng zhèr diàotóu.

3. Bú tài gāo.
   Bú tài hǎo.
   Bú tài yuǎn.
   Bú tài piàoliang.

4. Qiānbǐ jiù zài chōutì lǐbian.
   Sùshè jiù zài cāntīng pángbiān.
   Shūdiàn jiù zài gōngyuán dōngbian.
   Yóujú jiù zài yínháng pángbiān.

1. 병음: Qǐngwèn, yóujú zěnme zǒu?
   한자: 请问，邮局怎么走？

2. 병음: Nín cóng zhèr yòu guǎi, yìzhí zǒu jiù dào
   le.
   한자: 您从这儿右拐，一直走就到了。

3. 병음: Lí zhèr yuǎn ma?
   한자: 离这儿远吗？

4. 병음: Bú tài yuǎn.
   한자: 不太远。

5. 병음: Yóujú jiù zài yínháng pángbiān.
   한자: 邮局就在银行旁边。

6. 병음: Shūdiàn jiù zài gōngyuán dōngbian.
   한자: 书店就在公园东边。

1. 1) 질문: 교실 안에는 몇 명이 있어요?
   教室里边一共有七个人。
   교실 안에는 모두 7명이 있습니다.

   2) 질문: 교실 안에는 학생이 몇 명 있어요?
   教室里边有六个学生。
   교실 안에는 6명의 학생이 있습니다.

   3) 질문: 선생님은 어디에 계세요?
   老师在教室里边。/ 老师在学生们的对面(前面)。
   선생님께서는 교실 안에 계십니다.

   4) 질문: 선생님 뒤에는 무엇이 있어요?
   老师后面有黑板。
   선생님 뒤에는 칠판이 있습니다.

2. 1) 银行在医院旁边。

   2) 电影院对面是学校。

   3) 学校里边有银行。

   4) 我家就在前面。

3. 1) 妈妈在洗手间。
   어머니는 화장실에 계십니다.

   2) 抽屉里边有铅笔，笔筒和记事本。
   서랍안에는 연필과 필통, 다이어리가 있습니다.

   3) 爸爸不在家。
   아버지께서는 집에 계시지 않습니다.

我请你吃饭吧。

Wǒ qǐng nǐ chīfàn ba.

제가 밥 살게요.

1. Wǒ de yīfu tài piàoliang le.
   Wǒ de zhàoxiàngjī tài jiù le.
   Wǒ de wūzi tài luàn le.
   Wǒ de ěrjī tài kě'ài le.

2. Wǒ xiǎng mǎi yí ge xīn de.
   Wǒ xiǎng mǎi yí ge guì de.
   Wǒ xiǎng mǎi yí ge dà de.
   Wǒ xiǎng mǎi yí ge piányi de.

3. Shénme shíhou qù chīfàn ne?
   Shénme shíhou qù mǎi ne?
   Shénme shíhou qù hējiǔ ne?
   Shénme shíhou qù jiàn tā ne?

4. Nà wǒ qǐng nǐ hē yǐnliào ba.
   Nà wǒ qǐng nǐ chīfàn ba.
   Nà wǒ qǐng nǐ hē kāfēi ba.
   Nà wǒ qǐng nǐ kàn diànyǐng ba.

1. 병음: Wǒ de zhàoxiàngjī tài jiù le.
   한자: 我的照相机太旧了。

2. 병음: Wǒ xiǎng mǎi yí ge xīn de.
   한자: 我想买一个新的。

3. 병음: Shénme shíhou qù mǎi ne?
   한자: 什么时候去买呢？

4. 병음: Yào bu yào wǒ péi nǐ yìqǐ qù?
   한자: 要不要我陪你一起去？

5. 병음: Hǎo a! Xièxie nǐ! Nà wǒ qǐng nǐ chīfàn ba.
   한자: 好啊! 谢谢你! 那我请你吃饭吧。

6. 병음: Nà wǒ qǐng nǐ kàn diàn yǐng ba.
   한자: 那我请你看电影吧。

1. 1) 질문: 그들은 언제 밥을 먹으러 갑니까?
      他们十二点去吃饭。
      그들은 12시에 밥을 먹으러 갑니다.

   2) 질문: 그는 언제 중국에 갑니까?
      他星期三去中国。
      그는 수요일에 중국에 갑니다.

   3) 질문: 그는 언제 영화를 보러 갑니까?
      他五点去看电影。
      그는 5시에 영화를 보러 갑니다.

   4) 질문: 그는 언제 일어납니까?
      他早上七点起床。
      그는 아침 7시에 일어납니다.

2. 请 / 吃饭 / 有空 / 对不起

3. 1) 我的汽车太旧了。
      제 차는 아주 낡았습니다.

   2) 我的衣服太漂亮了。
      제 옷은 아주 예뻐요.

   3) 我女朋友太可爱了。
      제 여자친구는 아주 귀엽습니다.

我学了三个月中文。

Wǒ xué le sān ge yuè zhōngwén.

저는 중국어를 3개월 동안 배웠습니다.

1. Nǐ wèishénme bù chī ne?
   Nǐ wèishénme bú qù ne?
   Nǐ wèishénme xué Hànyǔ ne?
   Nǐ wèishénme bù shuōhuà ne?

2. Wǒ xǐhuan zúqiú.
   Wǒ xǐhuan Zhōngguó chá.
   Wǒ xǐhuan chàng gē.
   Wǒ xǐhuan Zhōngguó wénhuà.

3. Nǐ juéde Zhōngguó cài hǎochī ma?
   Nǐ juéde Hànzì hǎoxiě ma?

Nǐ juéde píjiǔ hǎohē ma?

Nǐ juéde Hànyǔ hǎoxué ma?

4. Nǐ yǐjing jiǎng de hěn hǎo le.

   Nǐ yǐjing shuō de hěn hǎo le.

   Nǐ yǐjing zuò de hěn hǎo le.

   Nǐ yǐjing xiě de hěn hǎo le.

받아쓰기 p.105

1. 병음: Nǐ wèishénme xué Hànyǔ ne?

   한자: 你为什么学汉语呢?

2. 병음: Wǒ xǐhuan Zhōngguó wénhuà.

   한자: 我喜欢中国文化。

3. 병음: Nǐ juéde Hànyǔ hǎoxué ma?

   한자: 你觉得汉语好学吗?

4. 병음: Wǒ xué le sān ge yuè Zhōngwén, juéde Zhōngwén bù hǎoxué.

   한자: 我学了三个月中文, 觉得中文不好学。

5. 병음: Zhǐyǒu sān ge yuè?

   한자: 只有三个月?

6. 병음: Nǐ yǐjing jiǎng de hěn hǎo le.

   한자: 你已经讲得很好了。

연습문제 p.106

1. 1) 好学 저는 중국어를 배우는 것이 쉽다고 생각해요.

   2) 唱歌 저는 노래 부르는 것을 좋아해요.

   3) 好吃 저는 중국 요리가 맛있다고 생각해요.

   4) 好喝 저는 우유가 맛있다고 생각해요.

2. 1) 我(学)汉语学了两个月。
      저는 중국어를 2달간 공부했습니다.

   2) 我病了一个星期。
      저는 일주일 동안 아팠습니다.

   3) 我(学)跆拳道学了三年。
      저는 태권도를 3년간 배웠습니다.

   4) 我(做)菜做了一个小时。
      저는 한 시간 동안 요리를 했습니다.

3. 1) 대본 및 정답: 他学了三个月中文。
         (그는 3달간 중국어를 배웠습니다.)
      질문: 그는 중국어를 몇 달간 배웠나요?

2) 녹음대본

   男 : 你为什么学汉语呢?

   女 : 我喜欢中国文化。

   질문: 여자는 왜 중국어를 배우나요?

   정답: 她喜欢中国文化。

   그녀는 중국문화를 좋아합니다.

3) 녹음대본

   男 : 你觉得汉语好学吗?

   女 : 很好学。

   질문: 여자는 중국어가 배우기 어떻다고 생각하나요?

   정답: 她觉得汉语很好学。

   그녀는 중국어를 배우는 것이 쉽다고 생각합니다.

UNIT 9

你最近过得好吗?

Nǐ zuìjìn guò de hǎo ma?

요즘 잘 지내요?

문형연습 p.115

1. Hǎo jiǔ méi gēn nǐ liánxì le.

   Hǎo jiǔ bú jiàn le.

   Hǎo jiǔ méi gēn nǐ jiànmiàn le.

   Hǎo jiǔ méi lái le.

2. Nǐ chī de bǎo ma?

   Nǐ guò de hǎo ma?

   Nǐ kǎo de hǎo ma?

   Nǐ shuō de kuài ma?

3. Wǒ shuì de hěn wǎn.

   Wǒ xiě de hěn kuài.

   Wǒ guò de hěn hǎo.

   Wǒ wánr de hěn gāoxìng.

4. Zuìjìn dōu máng zhe gōngzuò!

   Zuìjìn dōu máng zhe zuò zuòyè!

   Zuìjìn dōu máng zhe xiě bàogào!

   Zuìjìn dōu máng zhe zhǎo gōngzuò!

1. 병음: Hǎojiǔ méi gēn nǐ liánxì le.
   한자: 好久没跟你联系了。

2. 병음: Nǐ zuìjìn guò de hǎo ma?
   한자: 你最近过得好吗？

3. 병음: Hái hǎo, lǎo yàngzi.
   한자: 还好，老样子。

4. 병음: Nǐ ne? Dōu máng shénme ne?
   한자: 你呢？都忙什么呢？

5. 병음: Zuìjìn dōu máng zhe gōngzuò.
   한자: 最近都忙着工作。

6. 병음: Zuìjìn dōu máng zhe xiě bàogào.
   한자: 最近都忙着写报告。

1. 1) 질문: 요즘 잘 지내요?
   还好，老样子。   그럭저럭요. 항상 똑같죠.
   2) 질문: 최근에 뭐가 그리 바쁘세요?
   最近都忙着工作!   최근에는 바쁘게 일하고 있습니다!
   3) 질문: 노래 잘 하세요?
   我唱得很好。   저는 노래는 잘 부릅니다.
   我唱得不好。   저는 노래를 잘 못 부릅니다.
   4) 질문: 중국어 잘 하세요?
   我汉语说得很好。   저는 중국어를 잘 합니다.
   我汉语说得不好。   저는 중국어를 잘 못합니다.

2. 1) 你去书店了没有？   당신은 서점에 갔었나요？
   2) 你回家了没有？   당신은 집에 돌아가셨나요？
   3) 你吃饭了没有？   당신은 식사 하셨나요？
   4) 你跟他看电影了没有？
   당신과 그는 영화를 보셨나요？

3. 1) 最近都忙着学习!
   최근에는 바쁘게 공부하고 있습니다!
   2) 最近都忙着找工作!
   최근에는 바쁘게 일을 찾고 있습니다!
   3) 最近都忙着工作!
   최근에는 바쁘게 일하고 있습니다!
   4) 最近都忙着写报告!
   최근에는 바쁘게 보고서를 쓰고 있습니다!

4. 1) 好久 / 联系
   남: 오랫동안 연락이 없었네요.
   여: 그래요.
   2) 最近 / 老
   남: 요즘 잘 지내세요?
   여: 여전해요.
   3) 最近 / 工作
   남: 요즘에 뭐하느라 바빠요?
   여: 요즘에 일하느라 바빠요!

UNIT **10**

现在是夏天了。

Xiànzài shì xiàtiān le.

이제 여름이 됐어요.

1. Xiànzài shì xiàtiān le, tiānqì rè le.
   Xiànzài shì chūntiān le, tiānqì nuǎnhuo le.
   Xiànzài shì qiūtiān le, tiānqì liángkuai le.
   Xiànzài shì dōngtiān le, tiānqì lěng le.

2. Tā chángcháng chídào.
   Qī、bā yuè chángcháng xiàyǔ.
   Tā chángcháng lái.
   Tā chángcháng gǎndào tóuténg.

3. Nǐ xǐhuan shénme jìjié?
   Nǐ xǐhuan shénme yánsè?
   Nǐ xǐhuan shénme kuǎnshì?
   Nǐ xǐhuan shénme yīnyuè?

4. Zhèli de fēngjǐng zuì hǎo.
   Qiūtiān de tiānqì zuì hǎo.
   Shǒu'ěr de yèjǐng zuì piàliang.
   Zhè jiā diàn de dōngxi zuì piányi.

1. 병음: Xiànzài shì xiàtiān le, tiānqì rè le.
   한자: 现在是夏天了，天气热了。

2. 병음: Xiàtiān tiānqì hěn rè.
   한자: 夏天天气很热。

3. 병음: Qī、bā yuè chángcháng xiàyǔ.
   한자: 七、八月常常下雨。

4. 병음: Nǐ xǐhuan shénme jìjié?
   한자: 你喜欢什么季节?

5. 병음: Wǒ xǐhuan qiūtiān.
   한자: 我喜欢秋天。

6. 병음: Qiūtiān tiānqì zuì hǎo.
   한자: 秋天天气最好。

연습문제 p.130

1. 1) 夏天天气很热。　여름 날씨는 매우 덥습니다.
   2) 秋天天气很凉快。　가을 날씨는 매우 시원합니다.
   3) 冬天天气很冷。　　겨울 날씨는 매우 춥습니다.

2. 1) 下雨
      여름에는 비가 자주 내려요.
   2) 冬天
      겨울에는 눈이 자주 내려요.
   3) 秋天 / 凉快
      가을이 왔어요. 날씨가 서늘해졌어요.

3. 1) 他常常出差。　　　2) 你是最好的！
   3) 夏天闷热，秋天凉快。

4. 1) 녹음대본
      男 : 现在是夏天了，天气热了。
      女 : 我不喜欢夏天。
      질문: 여자는 무엇을 안 좋아합니까?
      她不喜欢夏天。　그녀는 여름을 싫어합니다.

   2) 녹음대본
      夏天天气很热。七，八月常常下雨。
      질문: 여름 날씨는 어떻습니까?
      常常下雨。　　자주 비가 내립니다.

   3) 녹음대본
      男 : 你喜欢什么季节?
      女 : 我喜欢秋天。
      질문: 여자는 어떤 계절을 좋아합니까?
      她喜欢秋天。　그녀는 가을을 좋아합니다.

   4) 녹음대본
      他以前是学生，现在是老师了。
      질문: 지금 그는 어떤 일을 하고 있습니까?
      他是老师。　그는 선생님입니다.

UNIT 11

中国我去过两次。
Zhōngguó wǒ qùguo liǎng cì.
중국에 저는 두 번 가 봤어요.

문형연습 p.139

1. Wǒ qù guo Fǎguó.
   Wǒ chī guo Yìdàlìmiàn.
   Wǒ chī guo Zhōngguó cài.
   Wǒ kàn guo zhè bù diànyǐng.

2. Wǒ yě xiǎng dào Zhōngguó qù lǚxíng.
   Wǒ yě xiǎng dào Zhōngguó qù liúxué.
   Wǒ yě xiǎng dào Zhōngguó qù jiāoshū.
   Wǒ yě xiǎng dào Zhōngguó qù fāzhǎn.

3. Shénme shíhou hē zuì hǎo?
   Shénme shíhou mǎi zuì hǎo?
   Shénme shíhou chī zuì hǎo?
   Shénme shíhou qù zuì hǎo?

4. Liù yuè dào shí yuè tiānqì búcuò.
   Yóujú dào sùshè hěn yuǎn.
   Liǎng diǎn dào sān diǎn hěn máng.
   Liǎng diǎn dào sì diǎn tiānqì hěn rè.

1. 병음: Nǐ qù guo Zhōngguó ma?
   한자: 你去过中国吗?

2. 병음: Zhōngguó wǒ qù guo liǎng cì.
   한자: 中国我去过两次。

3. 병음: Míngnián wǒ yě xiǎng dào Zhōngguó qù lǚxíng.
   한자: 明年我也想到中国去旅行。

4. 병음: Shénme shíhou qù zuì hǎo?
   한자: 什么时候去最好?

5. 병음: Liù yuè dào shí yuè de tiānqì búcuò.
   한자: 六月到十月的天气不错。

6. 병음: Nǐ yīnggāi nàge shíhou qù.
   한자: 你应该那个时候去。

연습문제　p.142

1. 1) 녹음대본
   男：你去过中国吗?
   女：中国我去过两次。
   질문: 여자는 중국에 몇 번 가봤습니까?
   정답: 两次

   2) 녹음대본
   男：你吃过中国菜吗?
   女：我吃过。
   질문: 여자는 무엇을 먹어봤나요?
   정답: 中国菜

   3) 녹음대본
   男：六月到十月的天气不错，你应该那个时候去。
   질문: 언제 중국에 가는 것이 가장 좋을까요?
   정답: 六月到十月

   4) 녹음대본
   男：明年我想到中国去旅行。
   질문: 남자는 내년에 어디로 여행을 가려고 합니까?
   정답: 中国

2. 1) 我没(有)吃过非洲菜。
   2) 你看过那个人吗?
   3) 印度我去过两次。

3. 1) 你去过中国吗?
   2) 你吃过法国菜吗?
   3) 六月到十月天气不错。
   4) 十二点到两点是午饭时间。
   5) 我也想到中国去旅行。

UNIT 12

我最喜欢喝茉莉花茶。

Wǒ zuì xǐhuan hē mòlìhuā chá.

저는 재스민차를 마시는 것을 가장 좋아합니다.

문형연습　p.151

1. Nǐmen píngshí xǐhuan chī shénme?
   Nǐmen píngshí xǐhuan zuò shénme?
   Nǐmen píngshí xǐhuan kàn shénme?
   Nǐmen píngshí xǐhuan tīng shénme?

2. Wǒ xǐhuan kàn shū, yě xǐhuan tīng yīnyuè.
   Wǒ xǐhuan lǚxíng, yě xǐhuan huà huàr.
   Wǒ xǐhuan duànliàn, yě xǐhuan dǎ qiú.
   Wǒ xǐhuan hé péngyou liáotiān, yě xǐhuan páshān.

3. Wǒ tèbié xǐhuan tī zúqiú.
   Wǒ tèbié xǐhuan hē jiǔ.
   Wǒ tèbié xǐhuan hē mòlìhuā chá.
   Wǒ tèbié xǐhuan wán yóuxì.

4. Píngshí hěn xǐhuan pǎobù.
   Píngshí hěn xǐhuan kàn zúqiú bǐsài.
   Píngshí hěn xǐhuan shàngwǎng.
   Píngshí hěn xǐhuan chī dàngāo.

받아쓰기　p.153

1. 병음: Nǐmen píngshí xǐhuan zuò shénme?
   한자: 你们平时喜欢做什么?

2. 병음: Xǐhuan hé péngyou liáotiān、 yě xǐhuan páshān.
   한자: 喜欢和朋友聊天、也喜欢爬山。

3. 병음: Wǒ xǐhuan hēchá.
   한자: 我喜欢喝茶。

4. 병음: Tèbié xǐhuan hē mòlihuā chá. Nǐ ne?
   한자: 特别喜欢喝茉莉花茶。你呢?

5. 병음: Wǒ měitiān xiàbān huíjiā dōu kàn
         diànshì.
   한자: 我每天下班回家都看电视。

6. 병음: Píngshí zài jiā hěn xǐhuan shàngwǎng.
   한자: 平时在家很喜欢上网。

연습문제 p.154

1. 1) 他喜欢唱歌。　그는 노래하는 것을 좋아합니다.
   2) 他喜欢锻炼。　그는 운동하는 것을 좋아합니다.
   3) 他喜欢跑步。　그는 달리는 것을 좋아합니다.
   4) 他喜欢旅行。　그는 여행을 좋아합니다.

3. 1) 녹음대본
      男 : 你平时喜欢做什么?
      女 : 喜欢和朋友聊天，也喜欢爬山。
      질문: 여자는 평소에 무엇을 하는 것을 좋아합니까?
      정답: 她喜欢和朋友聊天，也喜欢爬山。

   2) 녹음대본
      男 : 我喜欢喝茶。
      女 : 我最喜欢茉莉花茶。
      질문: 여자가 가장 좋아하는 차는 어떤 차 입니까?
      정답: 她喜欢茉莉花茶。

   3) 녹음대본
      男 : 我每天下班回家都看电视。
      질문: 남자는 매일 퇴근 후에 집에 가서 무엇을 합니까?
      정답: 他每天下班回家都看电视。

   4) 녹음대본
      女 : 我平时在家很喜欢上网。
      질문: 여자는 평소에 집에서 무엇을 하는 것을 좋아합니까?
      정답: 她很喜欢上网。